일본어 완벽 이해를 위한

일본어 고전문법

한미경·권경애·박현정 지음

日本語 古典文法

일본어 **완벽** 이해를 위한

일본어 고전문법

한미경·권경애·박현정 지음

HU:iNE

머리말

전 세계의 네트워크화로 우리의 문화가 외국에 널리 알려지게 되면서 최근에는 우리나라의 위상 또한 높아져 있다. 한편으로 외국 문화 또한 우리가 자주 접하게 되는데 그중에 애니메이션, 만화, 게임 등의 일본 문화도 자리 잡고 있다. 그러한 일본 문화를 접했을 때에 최신 문화인데 현대 일본어의 지식만으로는 일본어를 완전히 이해할 수 없는 경우가 많다. 그 이유는 일본어의 고어가 현대어 속에 아직까지 생생히 살아있기 때문이다. 일본 현지에서는 도로 안내 표시, 공지문, 연설문 등에서 고어의 형태들을 쉽게 찾아볼 수 있다. 일본 현대어에서의 고어는 간결하게 또는 함축성 있게 뜻을 전하고자 할 때의 표현 수단으로 쓰이고 있다. 그뿐 아니라, 애니메이션 등에서는 위엄을 갖추고 강함을 추구하고자 할 때 사용되고 있다. 이러한 일본어를 이해하기 위해서는 고어 공부를 병행해야 할 필요가 있다. 도로 곳곳에 보이는 '事故多し'는 '事故が多い'의 오자가 아닌 옛부터 사용되던 고어이며 현재도 사용하는 문어체라는 걸 알았을 때 비로소 일본어를 완벽하게 이해하게 될 것이다.

고전문법은 일본의 고어를 알고 고문을 읽기 위해 알아야 하는 어법들이다. 일본 문화를 심도 있게 알기 위해서는 고전 문헌을 읽을 수 있는 힘이 필요하다. 일본의 고전을 직접 읽는다는 것은 일본문화의 본질에 접근할 수 있는 중요한 도구이자 시야를 넓혀줄 수 있는 계기라는 점에서 더욱 큰 의미를 갖는다. 특히 일본의 고전 작품에는 일본인의 인생관과 자연관 등이 잘 나타나 있으며 그러한 고전의 글귀들은 일본인의 현대 생활 속에서 곧잘 인용되고는 한다.

이 책은 일본 관련 학문을 전공하거나 일본 어문학과 문화에 관심이 있는 사람, 그 외에 애니메이션, 만화, 게임, 등 갖가지 대중문화에 쓰인 언어표현을 심도 있게 이해하고자 하는 사람들이 두루 볼 것을 염두에 두고 만들었다.

이 책의 구성은 1부와 2부로 나뉘어 있다. 1부에서는 현대어에서 사용되는 고어표현들을 다방면으로 제시함으로써 현대어의 이해를 높였다. 2부에서는 구체적으로 고어와 현대어의 차이를 살피며 구체적인 예문들을 통해 고어의 지식을 쌓도록 하였다. 고전문의 이해를 높이기 위해서 모든 예문을 우리말로 번역하고 주석을 달아 문법적으로 분석하였으며, 거의 모든 한자에 일본어 독음을 달았다. 부록으로는 고어를 이해하는 데 필요한 사항, 어휘들과 지금도 실생활에서 쓰는 고어 표현이 담긴 속담, 격언을 실었다. 또한, 유명한 고전 작품들의 시작 부분을 통해 고전문을 일부나마 감상할 수 있게 하였다.

이 책이 일본 고전문을 이해하기 위한 하나의 길잡이이자, 현대일본어 완벽 이해를 위한 디딤돌이 될 것을 믿어 의심치 않는다. 또한, 이 책은 우리나라에서의 일본 관련 연구에 밑거름이 될 것으로 기대한다.

2022년 8월

저자 일동

목차

제2부
품사 각설

이 책의 용어(用語) 및 약어(略語), 한국어 표기에 대한 해설

이 책에서 필요에 따라서 사용하는 문법의 약어는 다음과 같다.

1. 용언은 다음과 같은 약어로 표시하였다.

4단활용동사 : 4단
상1단활용동사 : 상1단
하1단활용동사 : 하1단
상2단활용동사 : 상2단
하2단활용동사 : 하2단
ナ행변격활용동사 : ナ변
ラ행변격활용동사 : ラ변
カ행변격활용동사 : カ변
サ행변격활용동사 : サ변
ク활용형용사 : ク형
シク활용형용사 : シク형
ナリ활용형용동사 : ナリ형동
タリ활용형용동사 : タリ형동

2. 활용형 : 미연형, 연용형, 종지형, 연체형, 이연형, 명령형을 미연, 연용, 종지, 연체, 이연, 명령으로 표시한다.
3. 조동사 : '완료' '추량' 등으로 의미만 기입하고 품사명은 생략한다. 세부 용법이 애매한 경우, 대표적인 의미로 표시한다.
4. 조사 : 격조사 등 현대어로 이해가 되는 것은 표시하지 않고 접속조사, 계조사 등 특별한 경우에만 표기한다. 이때 접속조사는 (접조)와 같이 표시한다.

5. 각 예문의 이해를 돕기 위해 우리말 번역을 넣었다. 또한, 어법의 주석을 달았다. 해당 용언의 기본형, 종류, 활용형, 조동사의 기본형, 의미, 활용형 등을 나열한다. 그 외에 특별한 어법이나 특별한 의미를 지닌 어휘의 경우에는 언급하였다.

예시 : これは龍(たつ)のしわざにこそありけれ。(竹取物語)

ありけれ : あり(ラ변)연용·けり(과거)이연(계조 こそ~이연호응)

6. 번역문에서 지명, 인명 등 고유명사를 우리말로 표기할 경우, 교육부 외래어표기법에 의해서 표기하였다. 단, オ단 장음의 경우는 필요에 따라서 표기하였다(오오미, 오오이).
7. 일본어의 발음이 시대와 더불어 변화하여 발음과 표기가 다른 경우가 많다. 우리말로 표기를 할 때에는 시대별로 표기하기는 무리가 있어서 일본어의 현대어 발음에 의거해 표기하였다.

예 : 藤原(ふぢはら)후지와라, 京(きゃう)교

8. 일본의 관직명은 원어대로 표기하고 필요한 경우 언급하였다.
9. 促音(っ), 拗音(ゃゅょ), 濁音은 고어에서는 표기상의 구별이 없었으나, 본서에서는 현대어에 준해서 촉음, 요음, 탁음 표기를 하였다.
10. 한자 御는 확실하지 않은 것은 후리가나를 달지 않았다. 중고 시대에는 御를 お, ご, み와 같이 읽는 경우가 있으나 예외적이며, おほん(む)으로 읽는 일이 많았지만, 후에 おん으로 읽게 되었다.

제1부

길라잡이

제1장 현대 일본어와 고어

1. 일본어의 시대구분

언어는 어느 시대 어느 나라에서든 변해왔고 변해가는 존재이다. 현대 일본어는 고대로부터 조금씩 변해 와서 현재에 이른 말을 가리킨다. 일본어의 경우, 일반적으로 다음과 같이 시대를 구분하고 있다.

시대	내용	구분
상대(上代)	나라(奈良)에 도읍지가 있던 시대 및 그 이전(~794)	↑ 고대어(고어)
중고(中古)	헤이안(平安. 지금의 京都)에 도읍지가 있던 시대(794-1192)	
중세(中世)	가마쿠라(鎌倉)에 막부가 설치된 시대(1192-1333)	
	무로마치(室町)에 막부가 설치된 시대(1333-1603)	
근세(近世)	에도(江戶)에 막부가 설치된 시대(1603-1867)	
근대(近代)	메이지(明治) 이후(1868~현재)	↓ 근대어

고어라고 하면 일반적으로 근대 이전까지의 일본어를 가리킨다. 그러나 그중에서도 10세기 무렵의 중고 시대에 쓰인 일본어가 대표성을 지닌다. 고어의 표기 및 문법 체계도 당시의 고전 작품에 나타나는 것을 규범으로 삼고 있다.

또 고어를 문어(文語)라 하여 고어의 문법 체계를 고전문법 또는 문어 문법이라 부른다. 이에 반해 현대 일본어에서 일반적으로 사용하고 있는 회화체 말투를 구어(口語)라 하고, 현대어 문법을 구어 문법이라고도 부른다.

일본어의 고어는 현대 일본어 속에 형태를 많이 남기고 있다. 영화나 소설 제목, 속담, 격언 등과 연설문 등에 남아 현대어보다 격조 있는 느낌으로 쓰이기도 한다. 이에 대해서는 3절에서 자세히 다루기로 하고 여기서는 문어체와 구어체에 대해 먼저 살펴보기로 한다.

2. 문어체와 구어체

다음은 시마자키 도손(島崎藤村)이라는 근대 문학 작가가 쓴 '첫사랑(初恋, 1896)'이라는 시이다. 한국에서는 이 시가 와인을 주제로 한 만화책 "신의 물방울(神の雫)"에 소개되어 널리 알려졌다. '첫사랑'은 총 4절로 구성된 7·5조의 정형시에 속하며, 원문이 문어체로 쓰였다. 이 시는 일본의 근대시이므로 이 시를 이해할 정도가 되면 그 시대에 쓰인 일본의 유명 근대소설들을 원문으로 읽을 수 있으리라 기대된다.

문어체로 쓰인 원문을 이해하기 위해 분석해 보면, 우선 표기에서 おもひけり, おのづから와 같이 표기가 구어와는 차이가 나타남을 알 수 있다. 또, 현대어에서는 볼 수 없는 し(과거 조동사 き의 연체형), けり, なり, たり와 같은 조동사 및 그 활용형, なき나 たのしき와 같은 형용사의 연체형이 쓰였는데 현대어의 ない, たのしい와 달라서, 형용사 활용에서도 문어와 구어의 차이가 확연히 나타난다.

初恋	첫사랑
まだあげ初めし前髪の	갓 올린 앞머리가
林檎のもとに見えしとき	사과나무 아래에 보였을 때
前にさしたる花櫛の	앞머리에 꽂은 꽃 비녀가
花ある君と思ひけり	마치 당신 머리에 핀 꽃처럼 느껴졌다.
やさしく白き手をのべて	상냥하게 흰 손을 내밀어
林檎をわれにあたへしは	사과를 나에게 건네준 일은
薄紅の秋の実に	옅은 붉은 빛 가을 열매에
人こひ初めしはじめなり	나의 첫사랑이 시작되었다.
わがこゝろなきためいきの	나도 모르게 내뱉은 한숨이
その髪の毛にかゝるとき	당신의 머리카락에 닿았을 때
たのしき恋の盃を	즐거운 사랑의 술잔을
君が情に酌みしかな	당신의 정에 담았었던가.

林檎畑の樹の下に	사과밭 나무 아래에
おのづからなる細道は	자연스럽게 만들어진 오솔길은
誰が踏みそめしかたみぞと	누가 밟기 시작한 흔적일까 하고
問ひたまふこそ こひしけれ	물으시는 당신이 사랑스럽다.

위의 시를 이해를 돕기 위해서 현대어와 표기의 차이를 비교하고, 문법적으로 분석해 보았다.

표기 고어의 원문을 현대어로 나타내었다. 필요한 경우 한자를 표기하였다.

まへがみ：まえがみ　　おもひけり：おもいけり　　あたへしは：あたえしは
うすくれなゐ：うすくれない　　こひ：こい　　さかづき：さかずき
おのづから：おのずから　　た：だ(れ)　　問ひたまふ：といたもう

문법 원문 : 용언의 기본형(종류)활용형·조동사의 기본형(의미) 활용형 등으로 설명하였다.

あげ初め·し·前髪：あげそむ(하2단)연용·き(과거)연체·まへがみ(명)
見え·し·とき：みゆ(하2단)연용·き(과거)연체·とき(명, 時)
さし·たる：さす(4단)연용·たり(존속)연체
思ひ·けり：おもふ(4단)연용·けり(과거)종지
白き·手：しろし(ク형)연체·て(명)
あたへ·し·は：あたふ(하2단)연용·き(과거)연체·は(계조)
こひ初め·し·はじめ·なり：恋ひそむ(하2단)연용·き(과거)연체·はじめ(명)·なり(단정)종지
こゝろなき：心なし(ク형, 무심하다)연체, たのしき：たのし(シク형)연체
君·が·情け：きみ(명)·が(격조, ~의)·なさけ(명)
酌みしかな：くむ(4단)연용·き(과거)연체·かな(종조)감탄
ふみ初め·し·かたみ：ふみそむ(하2단)연용·き(과거)연체·かたみ(명, 흔적)
問ひたまふ·こそ·こひしけれ：とふ(4단)연용·たまふ(4단, 존경보조)종지·こそ(계조)·恋ひし(シク형)이연(계조 こそ~이연 호응)

3. 현대어에 나타나는 문어체 표현

일본어에서 문어체란 현대 일본어 표기법(現代仮名遣い)이 제정되는 1946년까지 각종 문장에 쓰이던 옛 일본어 표현을 가리킨다. 근대에는 서간문이나 논설문 등, 문장체(書き言葉)에서 많이 볼 수 있었다. 또 1945년까지는 정부의 공식문서에서도 문어체가 일반적이었고 표기도 역사적으로 내려오던 역사적 가나 표기법(歴史的仮名遣い)을 사용하였다.

그러나 1946년에 현대 일본어 표기법이 제정되면서 정부의 공식문서 및 교과서, 일반 출판물 등에 평범한 구어체 표현이 등장하게 되었다.

이렇게 현대 가나 표기법이 공용문서를 비롯해 각 계 다방면으로 적용되면서 문어체 표현을 접할 기회는 점점 줄어들었다. 그러나 여전히 현대 일본어에서 격식 있는 인사말이나 연설문, 속담 격언 등에서는 문어체 표현이 종종 등장한다. 즉, 말의 품격을 높이거나 위엄 있게 보이고자 할 때에 문어체를 도입한다고 하겠다. 그뿐 아니라 실생활의 공지문, 또는 주의를 환기시킬 때 등, 내용을 강조할 때도 문어체가 자주 사용된다.

(1) 생활 속의 문어체 표현

문어체(고어) 표현은 구어체에 비해 짧고 간결하다. 문체가 주는 효과가 커서 생활과 밀접한 표현으로 현대일본어 속에 살아있는 것으로 보인다. 특히 안전 주의 문구들은 생활 주변 곳곳에서 발견되며, 도로나 공사 현장 등 주의를 환기할 필요가 있는 곳에 붙이는 경고문이나 표어에 많이 사용되고 있다. 또한 생활의 지혜를 주는 속담, 격언 등에도 문어체는 여전히 남아 있다.

교통안전

学童(がくどう)多し。注意(ちゅうい)!

[한국어역] 초등생 많음. (어린이 보호 구역)주의 !

多し : おほし(ク형)종지

飛(と)び出(だ)し注意(ちゅうい)。減速(げんそく)せよ!

[한국어역] 뛰어나옴 주의. 감속 !

せよ : す(サ변)명령

<危>事故多し。スピードを落としてください。

[한국어역] 사고 다발 구역. 속도를 줄이시오.

공사안전

ちょっと待て! その作業は安全か? 作業の裏に危険あり。みつけよう摘み取ろう危険の芽

[한국어역] 잠깐! 그 작업은 안전한가? 작업 속에 위험 있다. 발견하자. 도려내자. 위험의 싹

ありːあり(ラ변)종지

なくそう! 転倒災害　転ばぬ先の足下対策

[한국어역] 없애자! 추락 재해, 넘어지기 전의 발밑 예방 대책 (발생하기 전에 주변 살피기)

転ば·ぬ·先ːころぶ(4단)미연·ず(부정)연체·さき(명)

스마트폰 예절 및 안전

インタネットː制御すべきは　自分自身

[한국어역] 인터넷 : 통제해야 할 것은 나 자신

す·べきːす(サ변)종지·べし(당연·의무)연체

スマートフォンː見知らぬメール　無視しよう

[한국어역] 스마트 폰 : 모르는 메일 무시하자

見知らぬːみしる(4단)미연·ず(부정)연체

규칙 준수

この芝生に入るべからず

[한국어역] 이 잔디에 들어가지 마시오.

入るべからずːはいる(4단)종지·べし(금지)미연·ず(부정)종지

非常の時でも慌てぬ用意

[한국어역] 비상시에도 당황하지 않는 준비성

慌てぬ : あわつ(하2단)미연·ず(부정)연체

한편, 실생활 속에 담겨있는 속담이나 격언은 옛날부터 사람들의 입에서 입으로 전해져 내려오던 것인 만큼, 문어체 표현도 보존하고 있다. 문어체 표현이 들어간 속담이나 격언 중 자주 활용되는 것들을 【부록 2】에 열거해 두었다.

속담·격언

人生山あり谷あり。

[한국어역] 인생에는 산도 있고 계곡도 있다.(좋은 일도 있고 나쁜 일도 있다.)

あり : あり(ラ변)연용, あり : あり(ラ변)종지

好きこそものの上手なれ。

[한국어역] 좋아하는 것이야말로 실력을 향상시킨다.

上手なれ : じょうずなり(ナリ형동)이연(계조 こそ~ 이연호응)

* 표기는 현대 가나 표기법으로 하였다.

人生山あり谷あり에는 ある의 고어 형태인 あり가 쓰이고 있다. '好きこそものの上手なれ'는 앞의 조사와 문말이 호응 관계를 이루는 호응법칙이 보인다. 즉, 문말이 종지형 上手なり로 맺어야 하지만, 조사 こそ에 호응하여 이연형 上手なれ로 맺고 있다.

(2) 학습 문형으로서의 문어체 표현

현대어에서 일상적으로 쓰이는 정형화된 문형 중에는 문어체 표현이 다수 있다. 일본어 능력을 향상시키기 위해서는 고어 표현이 남아 있는 정형화된 문형을 익힐 필요가 있다. 그 중에서도 가장 많이 나오는 문어체 표현이 부정 조동사 ず의 활용형이며, 추량의 まい(まじ), べし, む 등이 있다.

・**〜にもかかわらず** (〜なのに, しかしながら)

雨(あめ)にもかかわらず、出(で)かけると言(い)い張(は)っている。

[한국어역] 비가 오는데도, 나가겠다고 우기고 있다.

・**〜ざるをえない** (〜ないわけにはいかない)

子育(こそだ)てで仕事(しごと)を辞(や)めざるを得(え)なかった。

[한국어역] 육아 때문에 일을 그만둘 수밖에 없었다.

・**いずれにせよ** (それはともかく, どちらにしろ)

いずれにせよ結果(けっか)は変(か)わらない。

[한국어역] 어찌 되었든 결과는 바뀌지 않는다.

・**〜んばかりに/〜んばかりの** (今にも〜しそうな)

子(こ)どもは今(いま)にも泣(な)き出(だ)さんばかりの顔(かお)をしている。

[한국어역] 아이는 금방이라도 울음을 터뜨릴 듯한 표정을 하고 있다.

・**〜まい** (〜するつもりはない, 〜ないつもりだ)

そのようなことは二度(にど)とやるまい。

[한국어역] 그와 같은 일은 두 번 다시 하지 않겠다.

小学生(しょうがくせい)じゃあるまいし、彼(かれ)の行動(こうどう)は大(だい)の大人(おとな)がすることではない。

[한국어역] 초등학생도 아니고, 그의 행동은 다 큰 어른이 할 일은 아니다.

・**〜べき/〜べく** (〜なければならない)

大人(おとな)に向(む)かって失礼(しつれい)な態度(たいど)は慎(つつし)むべきである。

[한국어역] 어른에 대해 무례한 태도는 조심해야 할 것이다.

이렇게 문어 표현은 현대 일본어와 동떨어져 있는 것이 아니라 다양한 형태로 현대 일본어 속에 자리매김을 하고 있다. 이러한 문어체 문장은 기본적인 고전문법(용언 및 조동사의 활용 정도)만 습득해도 어렵지 않게 이해할 수 있다.

(3) 이름에 쓰인 문어체 표현

일본인의 성이나 이름에는 다양한 한자가 쓰이고 있으며 읽는 형태도 다양하다. 그런데, 일본인의 성(姓)이 다양하다는 것은 잘 알려진 사실이지만 이름에 문어체 표현이 들어가는 경우가 있다는 것은 잘 인식하지 못하는 경우가 많다. 남성의 이름 중 '~シ'로 끝나는 이름의 원형은 형용사 기본형에서 온 것이다. 옛날에는 형용사의 기본형이 '~シ'였고 이것이 그대로 남자 이름에 사용되었다. 일본인의 남자 이름에는 キヨシ, ハルト와 같이 [-i] [-o] 로 끝나는 음이 선호되는데, 최근에는 キヨシ와 같은 [-i]음 보다는 [-o]의 선호도가 높다고 한다.

きよし(清, 潔, 清司)	たかし(崇, 尚, 隆志)
ただし(正, 正志, 忠, 忠司)	さとし(聡, 智, 敏, 聖志)
ひとし(仁, 均, 徹, 等)	ひろし(広, 寛, 洋, 博, 裕)

한편, 여성의 이름에서도 고어의 흔적을 엿볼 수 있다. 다음 이름들은 형용동사의 어간에서 따온 것들이다. 형용사 및 형용동사의 어간은 동사의 어간에 비해 독립성이 강해 단독으로 사용하기도 하는데, 여자아이 이름에는 [-a] [-e]로 끝나는 음이 선호되는 경향이 있고, か가 香(か)와 음이 같아서 이름에 많이 사용되는 것으로 보인다.

さやか	しずか
はるか	まどか

(4) 책이나 영화제목에 쓰인 문어체 표현

다음은 어릴 때 즐겨 읽던 동화책 '집 없는 소년(아이)' '잠자는 숲속의 공주(미녀)'와 소설 '폭풍의 언덕'의 일본어 제목이다.

家(いえ)なき子(こ), 眠(ねむ)れる森(もり)の美女(びじょ), 嵐(あらし)が丘(おか)

현대어로는 家のない子、眠っている森の美女、嵐の丘라고 해야 할 제목들이 家なき~、眠れる~、嵐が~로 되어 있다. 이 제목들은 문어체로 쓰여 있기 때문이다. 먼저 家なき子의 なき는 명사를 수식할 때의 형용사 활용형인데 현대어의 ない와 다르다. 또 眠れる森の美女의 る는 조동사 り의 활용형으로서 완료, 존속의 의미를 나타내며 ~ている로 해석된다. 그래서 한국어 번역도 '잠자는(=잠자고 있는) 숲속의 공주'이다. 嵐が丘의 경우는 の가 아닌 が가 쓰였는데, 이는 현대어에서는 주격조사로 が, 연체격조사로 の가 쓰이지만, 고어에서는 그 구분이 없이 が가 명사를 수식하는 연체수식어로도 사용되었기 때문이다. 일본의 지명에 이 용법의 흔적이 남아있는 것을 볼 수 있다 (緑ヶ丘, 旭ヶ丘, 自由ヶ丘, つつじヶ丘 등). 그 밖에도 芹ヶ谷公園, 窓が山 등, 고유명사에 고어의 흔적이 많이 남아 있다.

그런데, 문어체로 번역한 예들은 책 제목 이외에도 영화제목에서도 찾아볼 수 있다.

風と共に去りぬ (1939, Gone with the Wind)

[한국어역] 바람과 함께 사라지다

去り·ぬ : さる(4단)연용·ぬ(완료)종지

한국에도 너무나 잘 알려진 영화제목이다. 먼저, '바람과 함께 사라지다'의 일본어 번역 제목 '風と共に去りぬ'에서는 동작이나 행위의 완료를 나타내는 조동사 ぬ가 쓰였다. 완료를 나타내는 ぬ는 현대어로 ~てしまった에 해당되어 さりぬ는 '사라지고 말았다'라는 의미가 되어 영어 원문 'Gone with the wind'가 가지는 완료의 의미를 살린 번역임을 알 수 있다.

문어체 사용은 오래된 작품뿐만 2000년대 이후에 출간된 책 제목이나 영화, 드라마 제목에서도 종종 발견할 수 있다. 현재도 일본어의 문어체는 품격을 갖추기 위해서 여전히 위용을 발휘하고 있다.

美しき愚かものたちのタブロー (2019, 原田マハ, 文芸春秋)

[한국어역] 아름다운 어리석은 자들의 타블로

美しき : うつくし(シク형)연체

輝ける青春 (2003, La meglio gioventu, Festival del Cinema Italiano 2004 Tokyo)

[한국어역] 빛나는(빛나고 있는) 청춘

輝け·る : かがやく(4단)명령·り(존속)연체

応答せよ1984, 応答せよ1988, 応答せよ1997

[한국어역] (드라마)응답하라 1984, 응답하라 1988, 응답하라 1997

せよ : す(サ변)명령

(5) 애니메이션에 나타나는 문어체 표현

다음 예문들은 모두 한국에도 다수 상영된 지브리 애니메이션 작품의 제목 또는 내용에서 나오는 문어체 표현이다.

おもひでぽろぽろ (高畑勲 監督)

[한국어역] 추억은 방울방울 (다카하타 이사오 감독)

おもひで : おもいで의 역사적 가나 표기법

風立ちぬ (宮崎 駿 監督)

[한국어역] 바람이 분다 (미야자키 하야오 감독)

立ちぬ : たつ(4단)연용·ぬ(완료)종지

曇りなき眼で見定め、決める! (もののけ姫)

[한국어역] 흐림 없는 눈동자로 똑똑히 보고 정하겠다. (원령공주)

なき : なし(ク형)연체

その者、青き衣をまとひて金色の野に降り立つべし。失はれし大地との絆を結び、ついに人々を青き清浄の地に導かん。(風の谷のナウシカ)

[한국어역] 그 사람은 푸른 옷을 걸치고 금빛 들녘에 내려설 것이다. 잃어버린 대지와의 유대를 맺고 결국 사람들을 푸른 청정 지역으로 이끌 것이다. (바람 계곡의 나우시카)

青き : あをし(ク형)연체, まとひ·て : まとふ(4단)연용·て(접조), 降り立つ·べし : おりたつ(4

단)종지·べし(추량)종지, 失は·れ·し：うしなふ(4단)미연·る(수동)연용·き(과거)연체, 導か·ん：みちびく(4단)미연·ん(む,추량)종지

汝(なんぢ)、流れ星(ながれぼし)を捕(と)らえし者(もの)、心(こころ)のなき男(をとこ)、お前(まへ)の心臓(しんぞう)は私(わたし)のものだ。(ハウルの動(うご)く城(しろ))

[한국어역] 그대, 별똥별을 잡은 자여, 마음이 없는 남자, 네 심장은 내 것이다. (하울의 움직이는 성)

捕らへ(え)·し：とらふ(하2단)연용·き(과거)연체

おもひでぽろぽろ와 風立ちぬ는 지브리에서 만든 애니메이션 제목인데, おもひでぽろぽろ의 경우 おもひで와 같이 현대 가나 표기법이 아니라 역사적 표기법을 사용했으며, 風立ちぬ는 완료를 나타내는 조동사 ぬ가 쓰였다.

曇(くも)りなき眼(まなこ)で見定め、決める!는 '원령공주'의 예이다. 현대어로는 형용사의 연체형 ない의 고어인 なき가 사용되고 있다. '원령공주'에는 영화 전체적으로 고어 표현을 많이 사용하여 현재 진행되는 이야기가 현대가 아니라 옛날이 배경이라는 느낌을 주고 있다.

その者(もの)、青(あを)き衣(ころも)をまとひて~는 '바람 계곡 나우시카'에서 바람 계곡에 사는 주민들 사이에 전해 내려오는 전설 내용인데, 형용사 青き, 역사적 표기법이면서 비음편형인 まとひて가 쓰이고 있다. 또 추량의 조동사 む(ん), べし의 예도 보인다. 문어체의 형용사의 활용이나 조동사의 의미 용법을 정확히 알아야만 올바른 현대어 번역이 가능해지는 예이다.

汝(なんぢ)、流れ星(ながれぼし)を捕(と)らえし者(もの)~에는 문어체인 汝가 나오는데, 이는 성서나 격언 등에서도 많이 등장하는 2인칭 대명사이다[汝(なんぢ)の敵(てき)を愛(あい)せよ 네 적을 사랑하라 (신약성서, 마태복음 5)]. 그 외에도 과거 조동사 き의 연체형 し와, 형용사의 연체형 なき가 나온다.

일본의 애니메이션은 이러한 문어체 표현을 가미시킴으로써 작품에 고풍스러운 느낌을 주고, 전설이나 내용의 품격을 높이는 이미지를 부여하고 있다고 할 수 있다. 일본 애니메이션을 단순히 어린이들이 보는 만화 영화가 아니라 어른들이 음미하고 즐길 수 있는 수준으로 올리는데 이러한 문어체 표현도 한몫을 하고 있다.

제2장 고어에 대한 이해

1. 단어의 분류

고전문법의 이해를 위해 일본어의 품사 분류와 명칭을 알아야 할 필요가 있다. 고전문법에서의 분류는 현대 일본어에서 사용하고 있는 학교문법의 분류와 같다.

문(文) : 하나의 정리된 생각이나 감정을 말로 이어서 나타내는 것을 문이라 한다. 문의 끝에는 마침표 등의 부호를 써서 그 내용이 끝났다는 것을 나타낸다.

문절(文節) : 문을 의미상 부자연스럽지 않을 정도로 잘게 자른 단위를 말한다.

단어(単語) : 문을 구성하고 있는 최소의 단위로서 의미를 갖는 것을 단어라 한다.

단어 ⇒	문절 ⇒	문
天/の/羽衣/入れ/り	天の/羽衣/入れり	天(あま)の羽衣(はごろも)入(い)れり。 하늘의 날개옷이 들어있다.

(1) 자립어와 부속어

단어는 자립어와 부속어로 나눈다.

자립어 : 단어 중에 그것만으로 하나의 문절이 될 수 있는 것을 자립어라 한다.

부속어 : 단독으로는 실질적인 의미를 나타내지 못하며 항상 다른 자립어에 붙어서 사용되는 것을 부속어라 한다.

(2) 활용어와 비활용어

자립어와 부속어에는 각각 활용하는 것과 활용하지 않는 것이 있다.

용언(用言) : 자립어로서 활용하는 동사, 형용사, 형용동사를 용언이라 한다.

체언(体言) : 자립어로서 활용하지 않는 것 중에 주어가 될 수 있는 것을 명사라 칭하는데, 이를 용언에 대해 체언이라고 한다.

(3) 품사 분류

단어를 ① 자립어인지 부속어인지 ② 활용어인지 비활용어인지 ③ 어떤 문절이 되는지의 기준에 따라 분류한 것을 품사라고 한다. 품사의 분류는 현대어와 마찬가지로 10종류로 나누는 것이 일반적이다.

<table>
<tr><td rowspan="8">자립어</td><td rowspan="3">활용이 있다</td><td colspan="2" rowspan="3">술어가 된다</td><td>동사</td></tr>
<tr><td>형용사</td></tr>
<tr><td>형용동사</td></tr>
<tr><td rowspan="5">활용이 없다</td><td colspan="2">주어가 된다</td><td>명사</td></tr>
<tr><td rowspan="2">수식어가 된다</td><td>용언 수식어</td><td>부사</td></tr>
<tr><td>체언 수식어</td><td>연체사</td></tr>
<tr><td colspan="2" rowspan="2">수식어가 되지 않는다</td><td>접속사</td></tr>
<tr><td>감탄사</td></tr>
<tr><td rowspan="2">부속어</td><td>활용이 있다</td><td colspan="2"></td><td>조동사</td></tr>
<tr><td>활용이 없다</td><td colspan="2"></td><td>조사</td></tr>
</table>

2. 고어와 현대어의 차이

고전과 문어의 이해를 위해 필수적으로 알아야 할 내용에 대해 표기, 문법, 어휘로 나누어 현대어와 대비해서 살펴보기로 한다.

(1) 역사적 가나 표기법과 현대 가나 표기법

현대 일본어는 기본적으로 표음주의에 입각한 현대 가나 표기법(現代仮名遣い)을 채택하고 있다. 그런데, 고전에서는 역사적 가나 표기법(歴史的仮名遣い)이라 하여 현대어와 다른 표기법을 쓴다.

역사적 가나 표기법은 10세기 무렵의 중고 시대 중기 작품에서 쓰이는 표기법을 기준으로 하고 있으며, 현대 가나 표기법이 제정되기 이전에 출판된 서적은 역사적 가나 표기법으로 되어 있다. 오랫동안 음이 변화하여도 표기법이 변하지 않은 탓에 실제 발음과는 많이 달라 표기와 실제 음가 사이에 혼동이 일어나기도 한다. 먼저 10세기 당시의 가나를 50음도로 제시하면 다음과 같다.

【10세기 무렵의 50음도】
(행이나 단의 순서는 지금과 달랐다)

行										
わ	ら	や	ま	は	な	た	さ	か	あ(a)	段
ゐ	り	い	み	ひ	に	ち	し	き	い(i)	
う	る	ゆ	む	ふ	ぬ	つ	す	く	う(u)	
ゑ	れ	え	め	へ	ね	て	せ	け	え(e)	
を	ろ	よ	も	ほ	の	と	そ	こ	お(o)	

위의 표에서 현대어에서는 쓰이지 않는 ゐ, ゑ 가나가 사용되고 있음을 알 수 있다. 이를 포함하여 10세기 무렵에 사용되던 가나의 음들은 다양한 음의 변화 단계를 거쳐 현재에 이르게 되었는데, 주요 음운 현상과 용례를 들면 다음과 같다.

① 현대 가나 표기법과 비교했을 때 두드러진 차이는 ワ행음이다. 10세기에는 わ뿐만 아니라 ゐ, ゑ, を도 [wa], [wi], [we], [wo]로 발음되었다. 시대가 내려오면서 わ를 제외한 ワ행음이 ア행음으로 통합되었으나, 현대 가나 표기법이 제정되기 전까지 ワ행음을 지닌 어휘의 표기는 그대로 유지되었다.

	역사적 가나 표기	현대 가나 표기		역사적 가나 표기	현대 가나 표기
井戸	ゐど	いど	**田舎**	ゐなか	いなか
声	こゑ	こえ	**笑む**	ゑむ	えむ
男	をとこ	おとこ	**青**	あを	あお

② 10세기 이후 ハ행음이 어중, 어미에서 ワ행음으로 변하는 현상이 일어났다(ハ행전호 현상, ハ行転呼(ぎょうてんこ)). 이로 인해 ハ행음으로 표기되지만 ワ행음으로 발음하는 단어가 많아졌는데, 여기에 ①의 ゐ, ゑ, を음이 い, え, お음으로 통합되는 현상이 겹쳐지면서 わ음을 제외하고는 모든 어중 어미에 위치하는 ハ행음이 ア행음으로 바뀌게 된다.

	역사적 가나 표기	현대 가나 표기		역사적 가나 표기	현대 가나 표기
川	かは	かわ	**恋**	こひ	こい
買ふ	かふ	かう	**家**	いへ	いえ
顔	かほ	かお			

Q&A 1

다음은 고어의 は행음에 관한 수수께끼(なぞ)인데 답이 입술이라는군요. 이유가 궁금합니다.

母ニハ二度アフテ、チチニハ一度モアハズ クチビルトトク(体源抄, 1512)

[한국어역] 엄마는 두 번 만나고, 아버지는 한 번도 만나지 않는다. 입술이라 풀이한다.

ははには二度あひたれども、ちちには一度もあはず(後奈良院御撰何曽, 1516)

[한국어역] 엄마는 두 번 만나지만, 아버지는 한 번도 만나지 않는다.

☞ 지식인들 사이에서 유행한 수수께끼(何曽)로 ハハ(母)라는 단어를 발음할 때는 양 입술이 붙지만 チチ(父)라고 발음할 때는 한 번도 입술이 붙지 않고 발음된다는 뜻입니다. 이것은 당시의 ハ행 자음이 양순마찰음(兩唇摩擦音 [ɸ])이였고, ハハ(母)가 [ɸaɸa(fafa)] 또는 [ɸawa(fawa)]로 발음되던 시대였으므로 이러한 수수께끼가 성립될 수 있었습니다. 양순마찰음 [ɸ]는 마치 단소를 불 때의 입술 모양을 하고 '후'를 발음할 때 나오는 음과 비슷합니다. 로마자에는 없는 기호이므로 현대일본어 로마자 표기에서는 f로 대신해서 표기합니다(예 : ふじさん(富士山, Fujisan), ふくしまし (福島市, Fukushima City) 등.

ハ행음이 현대어와 같은 성문마찰음(聲門摩擦音 [h])으로 발음되기 시작한 것은 17세기 초반(근세)에 들어서면서인데, 영국인 리처드 콕스의 일기(1615-1622)에 「하코네(箱根)」「하마마쓰(浜松)」라는 지명을 Hacony, Hammach로 표기한 기록이 나옵니다.

③ タ행음이 10세기에서는 [ta, ti, tu, te, to]음이었던 것이 중세 시대에 이르러 구개음화가 일어나 [ta, chi, tsu, te, to]음으로 변화한다. 그러나 표기는 근대까지 그대로 쓰이다가, 현대 가나 표기법의 규정 후 ぢ, づ가 じ, ず로 바뀌게 된다.

	역사적 가나 표기	현대 가나 표기		역사적 가나 표기	현대 가나 표기
恥	はぢ	はじ	水	みづ	みず
汝	なん(む)ぢ	なんじ	静か	しづか	しずか
泥	ひぢ	ひじ	万	よろづ	よろず

* 단, 예외적으로 縮(ちぢ)む, 続(つづ)く와 같이 동음이 반복되어 만들어진 어휘나, 鼻血(はなぢ), 底力(そこぢから)처럼 복합어일 때는 원래의 표기를 유지한다.

④ 고어의 합요음(くわ, ぐわ 등)은 현대어에서 직음화하여 か, が와 같이 표기한다.

	역사적 가나 표기	현대 가나 표기		역사적 가나 표기	현대 가나 표기
火事	くわじ	かじ	内外	ないぐわい	ないがい
因果	いんぐわ	いんが	弾丸	だんぐわん	だんがん
果実	くわじつ	かじつ	正月	しやうぐわつ	しょうがつ

⑤ 중세 이후 장음화 현상이 일어나면서 고어와 현대어의 단어는 음과 표기 사이에 큰 변화가 일어났다. 장음화 현상은 3가지로 나눌 수 있다.

⑤-1) a모음 뒤에 u모음이 오는 단어는 현대어에서 o의 장음으로 표기된다.

	역사적 가나 표기	현대 가나 표기		역사적 가나 표기	현대 가나 표기
鸚鵡	あうむ	おうむ	近江	あふみ	おうみ
当	たう	とう	答	たふ	とう
京	きやう	きょう	王	わう	おう

⑤-2) e모음 뒤에 u모음이 오는 단어는 현대어에서 yo의 장음으로 표기된다.

	역사적 가나 표기	현대 가나 표기		역사적 가나 표기	현대 가나 표기
教訓	けうくん	きょうくん	今日	けふ	きょう
醤油	せうゆ	しょうゆ	葉	えふ	よう
朝	てう	ちょう	蝶	てふ	ちょう

⑤-3) i모음 뒤에 u모음이 오는 단어는 현대어에서 yu의 장음으로 표기된다.

	역사적 가나 표기	현대 가나 표기		역사적 가나 표기	현대 가나 표기
幽玄	いうげん	ゆうげん	急	きふ	きゅう
旧都	きうと	きゅうと	集成	しふせい	しゅうせい
九	きう	きゅう	十	じふ	じゅう

이상 역사적 가나 표기법과 현대 가나 표기법의 차이를 표로 정리하면 다음과 같다.

역사적 가나 표기법	현대 가나 표기법
① ゐ·ゑ·を	い·え·お
② は·ひ·ふ·へ·ほ (어중.어미)	わ·い·う·え·お
③ ぢ·づ	じ·ず
④ くわ·ぐわ	か·が
⑤-1) おう·あう·あふ·わう こう·こふ·かう·かふ のう·のふ·なう·なふ	おう こう のう
⑤-2) よう·やう·えう·えふ きよう·きやう·けう·けふ	よう きょう
⑤-3) ゆう·ゆふ·いう·いふ きゆう·きう·きふ	ゆう きゅう

* 고전을 읽을 때는 역사적 가나 표기법에 해당하는 현대어의 발음대로 읽으면 된다.

(2) 현대어와 다른 고어의 어휘

고어에는 현대어에 없는 어휘들이 있다. 또, 같은 어휘라도 의미가 다르게 사용되는 것들이 있다. 여기에서는 고어 이해에 필요하면서 체계적인 어휘인 대명사를 보기로 하겠다. 특징적인 것은 현대어에서는 これ, それ라고 하지만, 고어에서는 こ, そ가 독립된 대명사의 역할을 한다.

인칭대명사

1인칭	2인칭	3인칭	부정칭
あ·あれ わ·われ おのれ·よ(予·余)	な·なれ なんぢ いまし·みまし	か·かれ	た·たれ なにがし それがし

지시대명사

	근칭	중칭	원칭	부정칭
사물	こ·これ	そ·それ	か·かれ あ·あれ	いづれ

장소	ここ	そこ	かしこ	いづこ·いづち いづく·いづら
방향	こち·こなた	そち·そなた	あち·あなた かなた	いづち いづかた

(3) 고전문법과 현대어 문법

고어와 현대어는 문의 구조, 품사의 종류, 용법 등 기본적인 단어 구성면에서 크게 다르지 않지만, 용언(동사, 형용사, 형용동사)의 활용에서 큰 차이를 보인다. 조사 및 조동사의 종류와 용법에서도 현대어와 다른 양상을 보인다.

① 고어는 용언의 기본형이 현대어와 다르다.

	고어	현대어
동사	あり등 ラ행 변격활용동사를 제외한 모든 동사가 u모음(ウ단)으로 끝난다.	모든 동사가 u모음(ウ단)으로 끝난다.
형용사	し로 끝난다.	い로 끝난다.
형용동사	なり, たり로 끝난다.	だ로 끝난다.

② 고어는 용언의 활용이 현대어와 다르다.

	활용형	고어	현대어
동사	종지형	人来。	人が来る。
	연체형	来る人	来る人
형용사	종지형	夏暑し。	夏は暑い。
	연체형	暑き夏	暑い夏
형용동사	종지형	波静かなり。	波は静かだ。
	연체형	静かなる波	静かな波

③ 고어에는 현대어에는 없는 조사 및 조동사가 있다.

	고어	현대어
조사	舟**にて**渡る。	舟**で**渡る。
	何とも 知ら**で**	なにも 知ら**ないで**
조동사	雪 降り**けり**。	雪が 降っ**た**。
	雪 降れ**り**。	雪が 降っ**ている**。

④ 고어에는 현대어에는 없는 호응법칙(係り結び)이 존재한다. 앞에 오는 계조사에 의해 문을 맺는 활용형이 제약을 받는 현상이다.

조사	용법	문말형식	예문(枕草子에서 발췌)
ぞ	강조	연체형	夢の心地**ぞ**する。(꿈을 꾸는 듯한 기분이 든다.)
なむ	강조		かうかうの事**なむ**ある。(이러이러한 일이 있다.)
や	의문, 반어		すること**や**ある。(할 일이 있는가?)
か	의문, 반어		何に**か**似たる。(무엇과 닮았는가?)
こそ	강조	이연형	梅**こそ**ただ今は盛りなれ。(매화는 바로 지금이 제 철이다.)

⑤ 고어에서는 체언 등에 붙는 조사 또는 체언 및 형식명사 등이 생략되는 경우가 있다.

고어	현대어
月○出ぬ。	月が出た。
行く○も帰る○もあり。	行く人も帰る人もいる。
風激しく吹きける○を見て	風が激しく吹いているのを見て

3. 활용과 활용형

(1) 활용이란?

자립어인 동사, 형용사, 형용동사와 비자립어인 조동사는 하나의 문에서 나타내는 쓰임새에 따라서 여러 가지 다른 어형을 취한다. 이때 어형이 문법적인 의미에 의해 군을 이루는 현상을 활용이라고 한다. 또한 다르게 활용하는 어형들을 체계화하여 각각의 활용형이라고 한다.

(2) 활용형(活用形)

고어		현대어
미연형	⟶	미연형
연용형	⟶	연용형
종지형	⟶	종지형
연체형	⟶	연체형
이연형	⟶ ≠ … ⟶	가정형
명령형	⟶	명령형

고전문법에서의 활용형은 미연형(未然形), 연용형(連用形), 종지형(終止形), 연체형(連体形), 이연형(已然形), 명령형(命令形)의 여섯 가지이다. 활용형은 기본형인 종지형을 중심으로 하여, 아직 이루어지지 않았다는 의미의 미연형과 이미 이루어졌다는 의미의 이연형이 대응하고. 용언을 수식하는 연용형과 체언을 수식하는 연체형이 대응한다. 그 외에 명령형이 있다.

* 일본 현대 국문법(학교문법)에서는 활용형을 미연형(未然形), 연용형(連用形), 종지형(終止形), 연체형(連体形), 가정형(假定形), 명령형(命令形)의 여섯 가지로 나눈다.

(3) 고어의 활용형의 용법

1) 미연형(未然形)

'미연'의 뜻은 '어떤 일이 아직 그렇게 되어 있지 않은 상태. 또는 아직 그 일이 일어나지 않은 것을 나타낸다.

① 조동사 ず와 결합하여 부정의 뜻을 나타낸다.

頭隠(あたまかく)して、尻(しり)隠さず。(속담)

[한국어역] 머리만 감추고, 엉덩이는 감추지 않는다.

いづれの人(ひと)と名(な)をだに知(し)らず、(徒然草)

[한국어역] 어떤 사람인지 이름조차 모르고.

② 조동사 む 등과 결합하여 추량, 의지의 뜻을 나타낸다.

誰(たれ)ならむ、(枕草子)

[한국어역] 누굴까.

* 誰 : 중세까지는 た·たれ, 근세 이후에 だれ라고 함.

返(かへ)りごと書(か)かむ。(枕草子)

[한국어역] 답서를 써야지.

③ 접속조사 ば가 붙어서 가정조건을 나타낸다.

急(いそ)がば回(まは)れ。(속담)

[한국어역] 급하면 돌아가라.

狂人(きゃうじん)のまねとて大路(おほぢ)を走(はし)らば、すなはち狂人なり。(徒然草)

[한국어역] 미친 사람 흉내를 내서 대로를 뛰어다니면, 그게 바로 미친 사람이다.

④ 조동사 る·らる와 결합하여 자발, 수동, 가능, 존경의 뜻을 나타내며, す·さす와 결합하여 사역의 뜻을 나타낸다.

雲(くも)は足(あし)の下に踏(ふ)まる。(更科日記)

[한국어역] 구름은 발아래에 밟힌다.

妻(め)の女(おうな)にあづけて養(やしな)はす。(竹取物語)

[한국어역] 처인 노파에게 맡겨 키우게 하다.

⋆ 女(おうな) : 노파, 女(をうな, をんな) : 여인

2) 연용형(連用形)

사용 빈도수가 많은 활용형이다. 보통 뒤에 조동사나 조사와 결합하여 사용되나 독립된 형태로 쓰일 때도 있다.

① 조동사(き, けり, つ, ぬ, たり)와 결합하여 시제를 나타내기도 하고, 완료된 동작이나 상태의 존속을 나타내기도 한다.

むかし、男(をとこ)ありけり。(伊勢物語)

[한국어역] 옛날에 (한) 남자가 있었다.

女(をんな)いとはづかしく思(おも)ひたり。(源氏物語)

[한국어역] 여인은 매우 부끄럽게 생각하였다.

② 접속조사 て와 결합하여 뒤에 오는 말들에 이어주는 역할을 한다.

歌(うた)を書(か)きてやる。(伊勢物語)

[한국어역] 시가를 써서 보내다.

八日(やうか)、障(さは)ることありて、なほ同(おな)じところなり。(土佐日記)

[한국어역] 8일은 (배에) 문제가 있어서, 여전히 같은 곳이다(곳에 있다).

③ 조동사나 조사와 결합하지 않고 독립적으로 사용될 때에는 문의 중지법으로 사용된다.

雨降り、雪降り、風吹き、雷鳴り、しみ氷りたるにも、(宇治拾遺物語)

[한국어역] 비가 오고, 눈이 내리고, 바람이 불고, 천둥이 치고, 얼음이 얼어도,

この人々家に帰りて、物を思ひ、祈りをし、願をたつ。(竹取物語)

[한국어역] 이 사람들(5명의 귀공자)은 집에 돌아가, 생각에 잠기도 하고, 기도를 하기도 하고, 신불에게 발원을 한다.

④ 다른 용언 앞에 와서 동작을 연결시켜 준다.

鹿を求め歩く程に (宇治拾遺物語)

[한국어역] 사슴을 찾아 다니는데,

船に乗りて帰り来にけり。(竹取物語)

[한국어역] 배를 타고 돌아왔다.

⑤ 명사로 전성한다.

このほど、三日、うちあげ遊ぶ。よろづの遊びをぞしける。(竹取物語)

[한국어역] 이때, 3일간, 향연을 베풀다. 갖은 연주와 춤으로 흥을 돋웠다.

月、海に映りて、昼のながめまた改む。(奥の細道)

[한국어역] 달이 바다에 비취니, 낮의 정경과는 또 다르다.

3) 종지형(終止形)

① 독립된 어형으로 문을 종지한다. 종지형은 그 활용어의 기본형이다.

まだ暁より足柄を越ゆ。(更科日記)

[한국어역] 아직도 새벽부터 아시가라산을 넘는다.

天は自ら助くる者を助く。(서양 속담)

[한국어역] 하늘은 스스로 돕는 자를 돕는다.

② べし, めり 등의 조동사 앞에 쓰이기도 한다.

ただここもとを正しくすべし。(徒然草)

[한국어역] 오로지 자기 주변을 바르게 하여야 한다.

竜田川もみぢ乱れて流るめり (古今和歌集)

[한국어역] 다쓰다강은 낙엽이 흐드러지게 흐르는 듯하다.

4) 연체형(連体形)

① 체언을 수식한다.

いらへする人もなし。(紫式部日記)

[한국어역] 답하는 자도 없다.

龍の頸に五色に光る玉あり。(竹取物語)

[한국어역] 용의 목에 5색으로 빛나는 구슬이 있다.

② 수식할 체언을 생략한 채로 조사 앞에 쓰인다.

友とするにわろき者七つあり。(徒然草)

[한국어역] 친구로 삼기에 나쁜 자가 일곱 있다.

みやこの近づくを喜びしつつ上る。(土佐日記)

[한국어역] 도읍지(교토)가 가까워지는 것을 기뻐하면서 상경하였다.

③ 앞에 ぞ、なむ、や、か 와 같은 계조사가 왔을 때 호응법칙(가카리무스비, 係り結び)의 영향으로 문을 종지하는 형태가 된다.

声(こゑ)立(た)てぬ念仏(ねんぶつ)ぞする。(源氏物語)

[한국어역] 소리를 내지 않는 염불을 한다.

その竹(たけ)の中に、もと光(ひか)る竹なむ一(ひと)すぢありける。(竹取物語)

[한국어역] 그 대나무 중에, 뿌리가 빛나는 대나무가 한 그루 있었다.

飛(と)びやする。見(み)ん(む)。(宇治拾遺物語)

[한국어역] (참새를 손바닥 위에 올려 놓고)날 수 있겠는가. 보자.

いづれの山(やま)か天(てん)に近(ちか)き。(竹取物語)

[한국어역] 어느 산이 하늘에 가까운가?

5) 이연형(已然形)

① 조사 ば가 붙어서 앞의 사항이 뒤의 사항을 결정짓는 확정조건이 된다.

十日(とをか)あまりなれば、月(つき)おもしろし。(土佐日記)

[한국어역] 열흘이 지나니, 달이 밝다. (음력 1월 13일 자 일기)

仰(あふ)げば尊(たふと)し我(わ)が師(し)の恩(おん) (스승의 은혜, 노래)

[한국어역] 우러러보면 (언제나) 존귀하다. 나의 스승의 은혜

② 접속조사 ども, ど 앞에 쓰이는데, 이미 확정된 앞의 조건과 다른 사항이 뒤에 온다.

音(おと)には聞(き)けども、いまだ見(み)ぬ物(もの)なり。(竹取物語)

[한국어역] 소문으로는 들었지만, 아직 본 적은 없는 것이다.

当(あ)たらずといへども遠(とほ)からず。(속담)

[한국어역] 딱 맞지는 않았지만 그렇다고 크게 예상이 빗나가지도 않았다.

③ 앞의 문에 こそ를 포함한 호응법칙의 문에서 강조하며 문을 종지하는 형태가 된다.

眼(め)もこそ二(ふた)つあれ、ただ一(ひと)つある鏡(かがみ)を奉(たてまつ)る。(土佐日記)

[한국어역] (더없이 소중한) 눈도 두 개가 있다. (바다에 바치는 공물로) 딱 하나 있는 거울을 바친다.

すこし春(はる)ある心(ここ)ちこそすれ。(枕草子)

[한국어역] 조금이라도 봄이 느껴지는 것 같구나.

6) 명령형(命令形)

① 명령의 의미로 문을 종지하는 형태이다.

この雀(すずめ)見よ。物食(ものく)はせよ。(宇治拾遺物語)

[한국어역] 이 참새를 보라. 먹이를 먹여라.

なほ此度(こたび)は許(ゆる)したまへ。(落窪物語)

[한국어역] 그러지 말고 이번에는 용서해 주시오.

② 완료, 존속을 나타내는 조동사 り 앞에 오는 형태이다.

天(あま)の羽衣(はごろも)入(い)れり。(竹取物語)

[한국어역] (상자 안에)하늘로 올라갈 수 있는 날개옷이 들어있다.

この山に深(ふか)く隠(かく)れ住(す)めり。(宇治拾遺物語)

[한국어역] (몸통은 5색이고 흰 뿔을 가진 사슴이) 이 산 깊은 곳에 숨어 살고 있다.

Q&A 2

고어에서 접속조사 ば는 미연형(-a)에도 이연형(-e)에도 붙는데 어떻게 다른가요?

☞ 미연형 : 조사 ば(a + ば)에 이어져서 만일 '~한다면'이라는 가정의 조건을 나타냅니다. 따라서 花咲か+ば는 '꽃이 피면'의 뜻이 되며 현대어의 花が咲けば(가정형)에 해당합니다.

이연형 : 조사 ば(e + ば)에 이어져서 이미 '그렇게 되었으니'라는 확정의 조건을 나타냅니다. 즉, 花咲け+ば는 '꽃이 피어서'의 뜻이 되며. 현대어의 花が咲いたので에 해당합니다.

Q&A 3

고어의 이연형이 현대어에서는 가정형이 되어 있는 이유는 무엇인가요?

☞ 고어에서는 미연형(-a)+ば로 가정조건(~하면)을 나타냈으며, 이연형(-e)+ば로 확정조건(~했으므로)을 나타냈습니다. 그런데, 아래의 예와 같이 이연형(-e)+ば에 가정조건을 나타내는 예가 보이게 됩니다. 이후, 가정조건은 근세 후기에 미연형(-a)+ば는 쇠퇴하고 -e+ば가 일반화됩니다. 현대어에서는 -aば는 소멸되고 -eば로 가정조건을 표현하게 되며, 명칭도 이연형에서 가정형으로 바뀌게 됩니다.

親はないかも知れねども、もしあれば不孝の罰、(心中天網島)

[한국어역] 부모는 없을지도 모르겠지만, 만일 있다면 불효의 벌을,

Q&A 4

고어의 동사(4단, 상1단, 하1단 이외의 동사들), 형용사는 연체형과 종지형이 다른 형태를 보입니다. 현대어에서 동사와 형용사의 연체형과 종지형이 같아지는 이유는 무엇인가요?

☞ 고어에서는 활용어의 종류에 따라서 연체형과 종지형이 다른 형태를 취하는데, 앞에 계조사(ぞ, なむ, や, か)가 쓰이면 연체형으로 문을 종지하였습니다. 그러나, 앞의 계조사의 제약 없이도 연체형이 문을 종지하는 일이 잦아지게 되었습니다. 이러한 문의 연체형 종지가 일반화되면서 연체형이 종지형을 대체하게 되며, 연체형과 종지형이 동일한 형태가 되었습니다.

제2부

품사 각설

제1장 동사

주로 동작, 작용, 존재를 나타내는 자립어를 동사라 한다. 이는 현대어와 마찬가지이나 현대어의 동사는 모두 u모음(ウ단)으로 끝나는 데 비해, 고어의 동사는 대부분 u모음으로 끝나지만 i모음으로 끝나는 것(あり, をり) 등도 있다.

1. 동사의 활용에 따른 분류

고어에서는 동사의 활용에 따라 다음과 같이 9가지로 나눈다.

- 4단동사 (四段活用動詞)
- 상1단활용동사 (上一段活用動詞)
- 상2단활용동사 (上二段活用動詞)
- 하1단활용동사 (下一段活用動詞)
- 하2단활용동사 (下二段活用動詞)
- ナ행변격활용동사 (ナ行変格活用動詞)
- ラ행변격활용동사 (ラ行変格活用動詞)
- カ행변격활용동사 (カ行変格活用動詞)
- サ행변격활용동사 (サ行変格活用動詞)

2. 동사활용의 변천

고어의 9종류의 동사는 시대와 더불어 활용의 변천을 겪으며, 현대어에서는 5단활용동사, 상1단활용동사, 하1단활용동사, カ행변격활용동사, サ행변격활용동사의 5종류가 되었다.

① 4단활용동사, 하1단활용동사, ナ행변격활용동사, ラ행변격활용동사는 활용이 4단활용으로 통합된다. 현대어에서는 5단활용동사가 된다.

② 상1단활용동사와 상2단활용동사는 변화를 거쳐 상1단활용동사가 된다.

③ 하2단활용동사는 활용이 하1단으로 바뀌어 하1단활용동사가 된다.

④ カ행변격활용동사는 활용형에 변화는 있으나 현대어에서도 カ행변격활용동사이다.

⑤ サ행변격활용동사는 활용형에 변화는 있으나 현대어에서도 サ행변격활용동사이다.

동사 활용의 변천

<table>
<tr><th>고어의 동사</th><th>현대어의 동사</th></tr>
<tr><td>4단활용동사</td><td rowspan="4">5단활용동사</td></tr>
<tr><td>ナ행변격활용동사</td></tr>
<tr><td>ラ행변격활용동사</td></tr>
<tr><td>하1단활용동사</td></tr>
<tr><td>상1단활용동사</td><td rowspan="2">상1단활용동사</td></tr>
<tr><td>상2단활용동사</td></tr>
<tr><td>하2단활용동사</td><td>하1단활용동사</td></tr>
<tr><td>カ행변격활용동사</td><td>カ행변격활용동사</td></tr>
<tr><td>サ행변격활용동사</td><td>サ행변격활용동사</td></tr>
</table>

※ 참조

일본어 교육에서는 일본어 동사를 어간 또는 어미의 종류에 따라 제1류, 제2류, 혹은 u동사, ru동사, 자음어간동사, 모음어간동사 등으로 나누기도 한다. 그러나 일본의 학교문법은 여전히 고전문법에 준해서 현대어의 동사를 다섯 가지로 나눈다.

3. 동사 활용의 종류

(1) 4단활용동사(四段活用動詞)

이 동사류는 a(ア), i(イ), u(ウ), e(エ)의 4단에 결쳐서 활용한다고 하여 4단활용동사라고 명명하였다. 4단동사는 동사의 종류 중 가장 수가 많다. 咲(さ)く, 貸(か)す, 立(た)つ, 思(おも)ふ, 読(よ)む, 取(と)る, 急(いそ)ぐ, 飛(と)ぶ와 같이 8행의 동사들이 있다. 현대어의 5단동사에 있는 う, ぬ의 2행이 없고, 현대어에 없는 ふ로 끝나는 동사가 있다는 것을 알 수 있다.

기본형	미연형 (ず,む,ば)	연용형 (て, たり)	종지형 (~。べし)	연체형 (時, なり)	이연형 (ば, ども)	명령형
か(書)く	かか(a)	かき(i)	かく(u)	かく(u)	かけ(e)	かけ(e)

* 표 안에 해당 동사의 활용형이 접속하는 조사 또는 조동사를 예시로 넣었다. 미연형은 조동사 ず, む와 조사 ば를, 연용형은 접속조사 て와 조동사 たり를 대표로 하였다. 종지형은 문을 종지하므로 ~。와 조동사 べし, 연체형은 체언을 대표하여 時와 조동사 なり, 이연형은 조사 ば와 ども를 예시로 넣었다.

미연형

翁(おきな)、年七十(としななそぢ)に余(あま)りぬ。今日(けふ)とも明日(あす)とも知(し)らず。(竹取物語)

[한국어역] 할아범은, 나이가 70이 넘었다. 죽을 날이 오늘일지 내일일지 모른다.

知ら·ず : しる(4단)미연·ず(부정)종지, 余り·ぬ : あまる(4단)연용·ぬ(완료)

歌(うた)はいかが。それきかむ。(枕草子)

[한국어역] 시가는 어떠셨나요(노래는 읊으셨나요)? 그것을 들어 봅시다.

きか·む : きく(4단)미연·む(의지)

心(こころ)あてにおらばやおらむ (百人一首)

[한국어역] (서리와 하얀 국화꽃이 서로 구별이 되지 않으니) 어림으로 꺾을 수 있다면 꺾어 볼까.

おら·ば : おる(をる, 4단)미연·ば(접조) おら·む : おる(をる, 4단) 미연·む(의지)연체(계조や~연체호응)

연용형

枝(えだ)を折(を)りて、かざしにさして、かみ、なか、しも、みな歌(うた)よみけり。(伊勢物語)

[한국어역] 꽃가지를 꺾어서 비녀로 꽂고, 신분이 높은 자, 중간인 자, 낮은 자 모두가 시가를 읊었다.

折り·て：をる(4단)연용·て(접조), さし·て：さす(4단)연용·て(접조), よみ·けり：よむ(4단)연용·けり(과거)종지

針(はり)の先(さき)して、ただかく書(か)きたり。(落窪物語)

[한국어역] (붓이 없어서) 바늘 끝으로, 그냥 이렇게 썼다.

書き·たり：かく(4단)연용·たり(완료)종지, して(격조) 수단

종지형

その夜(よ)は、くろとの浜(はま)といふ所(ところ)にとまる。(更科日記)

[한국어역] 그날 밤은, 구로토 해안이라는 곳에 묵었다.

とまる：とまる(4단)종지

偽(いつは)りても賢(けん)を学(まな)ばむを賢といふべし。(徒然草)

[한국어역] 거짓으로라도 현자를 본받으려는 자를 현자라 할 수 있을 것이다.

偽り·て：いつはる(4단)연용·て(접조), 学ば·む：まなぶ(4단)미연·む(완곡)연체, いふ·べし：いふ(4단)종지·べし(추량)종지

연체형

この児(ちご)、養(やしな)ふ程(ほど)に、すくすくと大(おほ)きになりまさる。(竹取物語)

[한국어역] 이 아이는 키우는 사이에 쑥쑥 크게 성장해간다.

養ふ：やしなふ(4단)연체, 大きに：おほきなり(ナリ형동)연용, なり·まさる：なる(4단)연용·まさる(4단)종지

雨など降るも、をかし。(枕草子)

[한국어역] 비 같은 것이 내리는 것도 정취가 있다.

降る：ふる(4단)연체

이연형

目を覚まして聞けば、鹿なむ鳴きける。(大和物語)

[한국어역] 잠이 깨어 들어보니, 사슴이 울고 있구나.

聞け·ば：きく(4단)이연·ば(접조), 鳴き·ける：なく(4단)연용·けり(감탄)연체(계조なむ~연체 호응)

四日。風吹けば、え出で立たず。(土佐日記)

[한국어역] 4일. 바람이 부니, (배를) 출발할 수가 없다.

吹け·ば：ふく(4단)이연·ば(접조), 出で立た·ず：いでたつ(4단)미연·ず(부정)종지,

* え~(부정)：제대로 ~하지 못하다

文を書きて、やれども、返りごともせず。(竹取物語)

[한국어역] 편지를 써서 보냈지만 답서도 안 한다.

やれ·ども：やる(4단)이연·ども(접조), せ·ず：す(サ변)미연·ず(부정)종지

명령형

その時にかぐや姫「しばし待て。」といひて、(竹取物語)

[한국어역] 그때 가구야히메가 '잠깐만 기다리라'며,

待て：まつ(4단)명령

Q&A 5

고전문법에서는 4단동사인데 현대어 문법에서는 5단동사라고 하는 이유는 무엇인가요?

☞ 고어에서 4단동사는 a(ア), i(イ), u(ウ), e(エ)의 4단에 걸쳐서 활용하는데, 書(か)く를 예를 들어 설명하자면, 미연형(かか)이 조동사 む와 결합한 (かか)む의 む가 う음편을 일으켜 (かか)う가 됩니다. 이 (かか)う→かかう의 kau는 중세 이후 kŏ의 장음으로 발음되었는데, 일본어의 현대어 표기법은 발음대로 표기하므로 かこう로 표기하게 되었습니다. 따라서, 고어의 미연형은 현대어에서 かかない(ア단)와 かこう(オ단)로 나뉘게 되며, 결과적으로 a(ア), i(イ), u(ウ), e(エ), o(オ)의 5단에 걸쳐 활용하게 됩니다. 그래서 현대어에서는 명칭이 5단동사로 바뀌게 되었습니다. [かかむ→かかう(う음편, 발음은 kakō)→かこう]

Q&A 6

고어에서는 ふ를 종지형으로 하는 동사들이 있는데 현대어에는 없는 이유는 무엇인가요?

☞ 고어의 4단동사 중 ハ행동사(使(つか)ふ, 歌(うた)ふ, 思(おも)ふ 등)는 ハ행의 4단 は, ひ, ふ, へ로 활용합니다. 그러나 고어의 ハ행 동사들의 활용형은 표기와 발음이 2원화되어 있었습니다. 즉, 종지형 ふ는 う, 미연형 は는 わ, 연용형 ひ는 い, 가정형·명령형 へ는 え와 같이 발음하였습니다. 이를 현대어에서는 발음대로 표기하게 됨으로써 ワ, ア행으로 활용하는 ワ, ア행동사가 된 것입니다.

고어	기본형	미연형	연용형	종지형	연체형	이연형	명령형
	か(買)ふ	かは(ず,む)	かひ(て,たり)	かふ	かふ(時)	かへ(ども)	かへ

현대어	기본형	미연형	연용형	종지형	연체형	가정형	명령형
	か(買)う	かわ(ない)	かっ(て)	かう	かう(時)	かえ(ば)	かえ
		かお(う)	かい(ます)				

【연습문제 1】

[1] 다음의 빈칸에 적합한 동사 활용을 넣으시오.

기본형	미연형	연용형	종지형	연체형	이연형	명령형
吹(ふ)く						
仰(あふ)ぐ						
押(お)す						
待(ま)つ						
歌(うた)ふ						
呼(よ)ぶ						
詠(よ)む						
取(と)る						

【연습문제 1】

[2] ①~② : (　　) 안의 동사를 문맥에 맞는 형태로 히라가나로 쓰시오.

③~⑥ : 밑줄 친 동사의 종류와 활용형을 쓰시오.

① いざ、こと（ 問(と)ふ ）む。(伊勢物語)

[한국어역] 자, 물어봅시다.

②（ 食(く)ふ ）ながら 文(ふみ)をも（ 読(よ)む ）けり。(徒然草)

[한국어역] 먹으면서 경전도 읽었다.

③ 夜中(よなか)ばかりに船(ふね)を出(い)だして、阿波(あは)の水門(みと)をわたる。(土佐日記)

[한국어역] 밤중에 배를 내어서 아와 해협을 건너다.

④ かれこれ知(し)る 知らぬ、送(おく)りす。(土佐日記)

[한국어역] 이 사람 저 사람 아는 사람 모르는 사람들이 (우리를) 배웅했다.

⑤ 暁(あかつき)より雨(あめ)降(ふ)れば同(おな)じ所(ところ)に泊(と)まれり。(土佐日記)

[한국어역] 새벽부터 비가 내려서 같은 곳에 머물고 있다.

⑥ 散(ち)りぬとも香(か)をだに残(のこ)せ (古今和歌集)

[한국어역] (매화꽃이여) 지더라도 향기만이라도 남겨라.

(2) 상1단활용동사(上一段活用動詞)

이 동사류는 끝음절이 る이면서 (i)イ의 1단으로만 활용한다. a(ア), i(イ), u(ウ), e(エ), o(オ)의 5단 중 u(ウ)단을 기준으로 해서 1단 위인 i(イ)단으로 활용하므로 상1단활용동사라 한다. 이 동사는 복합어 이외에 9개의 동사가 전부이다. 着(き)る, 似(に)る, 煮(に)る, 干(ひ)る, 見(み)る, 射(い)る, 鋳(い)る, 居(ゐ)る, 率(ゐ)る

기본형	미연형 (ず,む,ば)	연용형 (て, たり)	종지형 (~。べし)	연체형 (時, なり)	이연형 (ば, ども)	명령형
み(見)る	み(i)	み(i)	みる(iru)	みる(iru)	みれ(ire)	みよ(iyo)

미연형

立てる人どもは、装束の清らなること、物にも似ず。(竹取物語)

[한국어역] 서 있는 사람들은, 입은 의상도 아름답기가, 달리 비교할 바가 없다.

立て·る : たつ(4단)명령·り(존속)연체, 清らなる : きよらなり(ナリ형동)연체, 似·ず : にる(상1단)미연·ず(부정)종지

念じて射むとすれども、ほかざまへいきければ、(竹取物語)

[한국어역] 겨우 참고 화살을 쏘려고 하지만, (화살이) 다른 쪽으로 가버려서

念じ·て : ねんず(サ변)연용·て(접조), 射·む : いる(상1단)미연·む(의지)종지, いき·けれ·ば : いく(4단)연용·けり(과거)이연·ば(접조)

恋しくも、又見ば劣りやせむ。(源氏物語)

[한국어역] 그리워해도 또한 만나면 실망하는 건 아닐까.

恋しく·も : こひし(シク형)연용·も(계조), 見·ば : みる(상1단)미연·ば(접조), 劣り : おとる(4단)연용, せ·む : す(サ변)미연·む(추량)연체(계조や~연체호응)

연용형

人もあまた率(ゐ)ておはしまさず。(竹取物語)

[한국어역] (왕자는) 사람도 많이 데리고 오지 않으셨다.

率·て : ゐる(상1단)연용·て(접조), おはしまさず : おはします(4단 '오다''가다' 뜻의 존경어)미연·ず(부정)종지

それを見れば、三寸(さんずん)ばかりなる人、いとうつくしうてゐたり。(竹取物語)

[한국어역] 그것(대나무통 속)을 보니 세 치 정도 되는 사람이 아주 귀엽게 앉아 있다.

うつくしう·て : うつくし(シク형·う음편)연용·て(접조), ゐ·たり : ゐる(상1단)연용·たり(존속)종지

종지형

みさごは荒磯(ありそ)に居(ゐ)る。すなはち人を恐(おそ)るるが故(ゆゑ)なり。(方丈記)

[한국어역] 물수리는 거친 해안가에 있다. 그것은 사람을 겁내기 때문이다.

居る : ゐる(상1단)종지, 恐るる : おそる(하2단)연체

연체형

ある人弓(ゆみ)射(い)ることを習(なら)ふ。(徒然草)

[한국어역] 어떤 사람이 활 쏘는 법을 배운다.

射る : いる(상1단)연체, 習ふ : ならふ(4단)종지

이연형

かぐや姫(ひめ)、あやしがりて見れば、鉢(はち)の中に文(ふみ)あり。(竹取物語)

[한국어역] 가구야히메가 이상해서 보니, 발우 안에 편지가 있다.

見れ·ば : みる(상1단)이연·ば(접조)

この泊(とまり)、遠(とほ)く見れども、近(ちか)く見れども、いとおもしろし。(土佐日記)

[한국어역] 이 선착장은 멀리서 봐도, 가까이서 봐도 매우 정취가 있다.

見れ·ども：みる(상1단)이연·ども(접조), おもしろし：おもしろし(ク형)종지,

*泊り：선착장, 항구

명령형

この衣(きぬ)着(き)よ。(宇治拾遺物語)

[한국어역] (우선 춤구나) 이 옷을 입거라.

着よ：きる(상1단)명령

【연습문제 2】

[1] 다음의 빈칸에 적합한 동사 활용을 넣으시오.

기본형	미연형	연용형	종지형	연체형	이연형	명령형
射(い)る						
着(き)る						
干(ひ)る						
居(ゐ)る						
似(に)る						

【연습문제 2】

[2] ①~②:(　　)안의 동사를 문맥에 맞는 형태로 히라가나로 쓰시오.

③~⑦:밑줄 친 동사의 종류와 활용형을 쓰시오.

① 三(みたり)、四人(よたり)、御几帳(みきちゃう)のもとに(　ゐる　)たり。(枕草子)

[한국어역] 3, 4명이 휘장 앞에 앉아 있다.

② おどろきて(　見(み)る　)ば歌(うた)あり。(伊勢物語)

[한국어역] 놀라서 (편지를) 보니 시가가 있다.

③ なほ葺板(ふきいた)をともして<u>射(い)る</u>。(宇治拾遺物語)

[한국어역] 여전히 너와 지붕에 불을 붙여 활을 쏜다.

④ 物忌(ものいみ)なれば、<u>見(み)</u>ず。(枕草子)

[한국어역] 기도 기간이니 안 보겠다.

⑤ されど、それは、唐土(もろこし)の人の<u>着(き)る</u>ものなれば…… (枕草子)

[한국어역] 그렇지만, 그것(가라기누)은, 중국인들이 입는 옷이니까……

⑥「月(つき)<u>見よ</u>」などいひて、呼(よ)びいだしたり。(平中物語)

[한국어역] (마음에 두고 있는 사람을) '달을 보라'와 같이 말하며, 불러내었다.

⑦ つぶつぶと切(き)り入(い)れて、<u>煮(に)</u>て食(く)ひて、(宇治拾遺物語)

[한국어역] 잘게 썰어 넣어, 끓여 먹고,

(3) 상2단활용동사(上二段活用動詞)

이 동사류는 i(イ), u(ウ)의 2단으로 활용한다. 동사 起く로 예를 들면 미연형과 연용형, 명령형은 おき(k-i)로 활용하고, 종지형과 연체형, 이연형은 おく(u)로 활용한다. u(ウ)단을 기준으로 위로 2단에 걸쳐 활용하므로 상2단활용동사라 한다.

起く, 落つ, 恋ふ, 恨む, 老ゆ, 下る, 過ぐ, 恥づ, 延ぶ와 같이 9행의 동사들이 있다. 고어에는 현대어에 없는 は행과 や행동사가 있다. 이 중, や행의 상2단활용동사는 老ゆ, 悔ゆ, 報ゆ의 3단어뿐이다.

기본형	미연형 (ず,む,ば)	연용형 (て, たり)	종지형 (~。べし)	연체형 (時, なり)	이연형 (ば, ども)	명령형
お(起)く	おき(i)	おき(i)	おく(u)	おくる(uru)	おくれ(ure)	おきよ(iyo)

미연형

老いず死なずの薬もが (古今和歌集)

[한국어역] 불로불사약이 있었으면 좋겠다.

老い·ず : おゆ(상2단)미연·ず(부정)연용, 死な·ず : しぬ(ナ변)미연·ず(부정)종지, もが(희망)종조, 老いず死なず : 不老不死

月だに宿る住みかを過ぎむもさすがにて、(源氏物語)

[한국어역] 달조차 머무는 (여인의) 집을 그냥 지나치려 하는 것도 역시 그렇기도 하니

宿る : やどる(4단)연체, 過ぎ·む : すぐ(상2단)미연·む(완곡)연체, さすがに·て : さすがなり(ナリ형동·역시 그렇다)연용·て(접조)

起きば起きよ。(宇治拾遺物語)

[한국어역] (사슴이여) 일어설 테면 일어서라.

起き·ば : おく(상2단)미연·ば(접조), 起きよ : おく(상2단)명령

연용형

門戸をとぢて開かず。(平家物語)

[한국어역] 문을 닫고 열지 않는다.

とぢ·て : 閉づ(상2단)연용·て(접조), 開か·ず : あく(4단)미연·ず(부정)종지

屋のうちは暗き所なく光満ちたり。(竹取物語)

[한국어역] 집 안은 어두운 곳이 없이 빛으로 가득 찼다.

暗き : くらし(ク형)연체, なく : なし(ク형)연용, 満ち·たり : みつ(상2단)연용·たり(완료)종지

종지형

何の中納言はその時の行幸に落つ。(宇治拾遺物語)

[한국어역] 아무개 주나곤은 그때의 왕의 행차 때 (갓이) 떨어졌다.

落つ : おつ(상2단)종지 ⋆行幸(みゆき) 왕의 행차

연체형

隠れ立ちて見れば、柱よりかかぐり下るる者あり。(宇治拾遺物語)

[한국어역] 숨어서 보니 기둥을 타고 내려오는 자가 있다.

見れば : みる(상1단)이연·ば(접조), 下るる : おる(상2단)연체, かかぐり : かかぐる(4단)연용

一生の恥、これにすぐるはあらじ。(竹取物語)

[한국어역] 일생의 수치. 이보다 더할 수는 없으리다.

すぐる : すぐ(상2단)연체, あら·じ : あり(ラ변)미연·じ(부정추량)종지

이연형

かくのみしつつ日頃過ぐれば、いとあやしく思して、(大鏡)

[한국어역] (풍랑 때문에 배를 못 내어) 이렇게 하고만 있으면서 나날을 보내니, 너무 이상하게 생각하시어,

過ぐれ·ば : すぐ(상2단)이연·ば(접조), 思し·て : おぼす(4단 思ふ의 존경어)연용·て(접조)

我が膝のもとより過ぐれど、我を飲まむとさらにせず。(宇治拾遺物語)

[한국어역] (구렁이는) 내 무릎 아래를 지나지만, 나를 전혀 삼키려 하지 않는다.

過ぐれ·ど : すぐ(상2단)이연·ど(접조), 飲ま·む : のむ(4단)미연·む(의지)종지 *さらに~(부정) : 전혀~않다

명령형

あやまちすな。心して降りよ。(徒然草)

[한국어역] 실수하지 마라. 조심해서 내려와라.

す·な : す(サ변)종지·な(종조)금지, 心し·て : こころす(サ변)연용·て(접조), 降りよ : おる(상2단)명령

【연습문제 3】

[1] 다음의 빈칸에 적합한 동사 활용을 넣으시오.

기본형	미연형	연용형	종지형	연체형	이연형	명령형
起(お)く						
過(す)ぐ						
落(お)つ						
閉(と)づ						
強(し)ふ						
伸(の)ぶ						
試(こころ)む						
老(お)ゆ						
下(お)る						

【연습문제 3】

[2] ①~② : (　)안의 동사를 문맥에 맞는 형태로 히라가나로 쓰시오.

③~⑥ : 밑줄 친 동사의 종류와 활용형을 쓰시오.

① 暁(あかつき)にはいみじく疾(と)く(　起(お)く　)。(落窪物語)

[한국어역] 새벽에는 빨리빨리 일어나라.

② 年(とし)(　老(お)ゆ　)たる翁媼(おきなおうな)をやある。(大鏡)

[한국어역] 연로한 할아버지 할머니가 있느냐?

③ 心(こころ)ある者(もの)は恥(は)ぢずになむ来(き)ける。(土佐日記)

[한국어역] 성의가 있는 사람은 꺼리지 않고 와 주었다.

④ いにしへを悔(く)ゆる心(こころ)の忍(しの)びがたさなども、(源氏物語)

[한국어역] 옛날을 후회하는 마음이 참기 힘든 것도

⑤ 前(まへ)の谷(たに)へ躍(をど)り落(お)つ。(宇治拾遺物語)

[한국어역] 앞 계곡으로 뛰어내렸다.

⑥ 桜(さくら)の葉(は)·椋(むく)の葉こそ、いと疾(と)くは落(お)つれ。(枕草子)

[한국어역] 벚꽃 잎, 푸조나무 잎은 너무 빨리 떨어진다.

(4) 하1단활용동사(下一段活用動詞)

이 동사류에 속하는 것은 蹴(け)る 1단어뿐이다. 중고 시대 중기 이후에 쓰이며 활용형의 예도 많지 않다. 끝음절이 る이면서 e(エ)의 1단으로만 활용한다. u(ウ)를 기준으로 아래의 1단으로 활용하므로 하1단활용동사라 한다. 蹴(け)る는 활용이 변하여 현대어에서는 5단활용동사가 된다.

기본형	미연형 (ず,む,ば)	연용형 (て, たり)	종지형 (~。べし)	연체형 (時, なり)	이연형 (ば, ども)	명령형
け(蹴)る	け(e)	け(e)	ける(eru)	ける(eru)	けれ(ere)	けよ(eyo)

미연형

尻蹴(しりけ)んとする相撲(すまひ)、かくいふ衆(しゅ)に走(はし)りかかりて、(宇治拾遺物語)

[한국어역] 엉덩이를 차려는 씨름 장사는 이렇게 말하는 사람들에게 달려들어서,

蹴·ん : ける(하1단)미연·ん(む·의지)종지, する : す(サ변)연체

かの典薬助(てんやくのすけ)は蹴(け)られたりしを病(やまひ)にて死(し)にけり。(落窪物語)

[한국어역] 그 덴야쿠노스케는 발로 차인 것이 병이 되어 죽었다.

蹴·られ·たり·し : ける(하1단)미연·らる(수동)연용·たり(완료)연용·き(과거)연체, 死に·けり : しぬ(ナ변)연용·けり(과거)종지

などてあまり蹴(け)させけむ。(落窪物語)

[한국어역] 어째서 너무 심하게 차게 했을까.

蹴·させ·けむ : ける(하1단)미연·さす(사역)연용·けむ(과거추량)종지

연용형

尻をほうと蹴(け)たれば、失(う)せぬるなり。(宇治拾遺物語)

[한국어역] 엉덩이를 뻥 찼더니 사라져 버린 것이다.

蹴·たれ·ば : ける(하1단)연용·たり(완료)이연·ば(접조), 失せ·ぬる·なり : うす(하2단)연용·ぬ

(완료)연체·なり(단정)종지

종지형

さと寄(よ)りて、一足(ひとあし)づつける。(落窪物語)

[한국어역] 잽싸게 다가와서 한 발씩 차다.

ける : ける(하1단)종지

연체형

鞠(まり)を蹴(け)ることか。(浮世物語)

[한국어역] 마리(공)를 차는 일이냐?

蹴る : ける(하1단)연체　　⋆鞠 : = 蹴鞠(けまり). 공차기 놀이를 위해 실로 만든 공.

이연형

円子川(まりこがは)蹴(け)ればぞ波(なみ)はあがりける。(源平盛衰記)

[한국어역] 마리(鞠(まり) : 공)코라는 이름의 강물을 (공을 차듯이) 발로 찼더니 물결이 일었다.

蹴(け)れ·ば : ける(하1)이연·ば(접조), あがり·ける : あがる(4단)연용·けり(과거)연체(계조ぞ~연체 호응)

명령형

この尻(しり)蹴(け)よ。(宇治拾遺物語)

[한국어역] 이 엉덩이를 차라.

蹴よ : ける(하1단)명령

【연습문제 4】

①~③ : (　)안의 동사를 문맥에 맞는 형태로 히라가나로 쓰시오.

① なにぬし、その男(をとこ)の尻鼻(しりばな)、血(ち)あゆばかり必(かなら)ず(　蹴(け)る　)給(たま)へ。(宇治拾遺物語)

[한국어역] 여보게, 그 남자 엉덩이를 피투성이가 되도록 꼭 차시게.

② この尻(しり)(　蹴(け)る　)といはるる相撲(すまひ)は、覚(おぼ)えある力異人(ちからことひと)はすぐれ、(宇治拾遺物語)

[한국어역] 이 엉덩이를 차라는 말을 들은 씨름꾼은, 유명한 씨름꾼으로서 다른 사람보다 뛰어나고,

③ 尻(しり)をふたと(　蹴(け)る　)たりければ、(　蹴(け)る　)らるるままに男(をとこ)かき消(け)ちて (宇治拾遺物語)

[한국어역] 엉덩이를 퍽하고 차니, 발로 차이자마자 남자는 사라져

(5) 하2단활용동사(下二段活用動詞)

4단동사 다음으로 동사 수가 많다. 이 동사류는 u(ウ), e(エ)의 2단으로 활용한다. 동사 受く로 예를 들면 미연형과 연용형, 명령형은 うけ(k-e)로 활용하고, 종지형과 연체형, 이연형은 うく(k-u)로 활용한다. u(ウ)단을 기준으로 아래로 2단에 걸쳐 활용하므로 하2단활용동사라 한다.

기본형	미연형 (ず,む,ば)	연용형 (て, たり)	종지형 (~。べし)	연체형 (時, なり)	이연형 (ば, ども)	명령형
う(受)く	うけ(e)	うけ(e)	うく(u)	うくる(uru)	うくれ(ure)	うけよ(eyo)

미연형

かかれど、かの津(つ)の国(くに)をかた時(とき)も忘(わす)れず、(大和物語)

[한국어역] 이렇긴 해도, 그 쓰노구니(셋슈지방)를 잠시도 잊지 못하고,

忘れ·ず : わする(하2단)미연·ず(부정)연용

草(くさ)の庵(いほり)を誰(たれ)かたづねむ。(枕草子)

[한국어역] 누추한 초가집을 누가 찾겠는가?

たづね·む : たづぬ(하2단)미연·む(추량)연체(계조 か~연체호응)

明(あ)けば行(ゆ)きて、またの日(ひ)帰(かへ)るべきぞ。(宇治拾遺物語)

[한국어역] 날이 밝으면 출발해서, 다음 날에는 돌아오겠다.

明け·ば : あく(하2단)미연·ば(접조), 帰る·べき : かへる(4단)종지·べし(의지)연체

연용형

唐衣(からぎぬ)にも、紅葉(もみぢ)を分(わ)けて出(い)づる月(つき)おどろおどろしうをかし。(栄花物語)

[한국어역] 당의(에 그려진 그림)에도, 단풍진 잎을 가르고 뜬 달이 놀랄 만큼 아름답다.

分け·て : わく(하2단)연용·て(접조), 出づる : いづ(하2단)연체

水はその山に三所ぞ流れたる。(更科日記)

[한국어역] 물은 그 산에 세 군데에서 흐르고 있다.

流れ·たる : ながる(하2단)연용·たり(존속)연체(계조ぞ～연체호응)

종지형

汝は畜生なれども、慈悲をもて人を助く。(宇治拾遺物語)

[한국어역] 너는 짐승이지만 자비심을 갖고 사람을 구했다.

助く : たすく(하2단)종지, 畜生·なれ·ども : ちくしゃう(명)·なり(단정)이연·ども(접조)

一時の懈怠、すなはち一生の懈怠となる。これを恐るべし。(徒然草)

[한국어역] 한때의 태만이, 즉 일생의 태만이 된다. 이걸 겁내야 한다.

恐る·べし : おそる(하2단)종지·べし(당연)종지

연체형

まことに松の末より波は越ゆるやうに見えて、いみじくおもしろし。(更級日記)

[한국어역] 그야말로 소나무 꼭대기에서 파도가 넘어오는 것처럼 보여서 매우 정취 있다.

越ゆる : こゆ(하2단)연체, 見え·て : みゆ(하2단)연용·て(접조)

明くるより暮るるまで東の山ぎはをながめて過ぐす。(更科日記)

[한국어역] 해가 뜰 때부터 날이 저물 때까지 동쪽 산등성을 바라보며 지낸다.

明くる : あく(하2단)연체, 暮るる : くる(하2단)연체, ながめ·て : ながむ(하2단)연용·て(접조)

また昔へ人を思ひ出でて、いづれの時にか忘るる。(土左日記)

[한국어역] 또다시 세상 떠난 사람(작가의 딸)이 생각이 나는데, 언제가 되면 잊어질까?

思ひ出で·て : おもひいづ(하2단)연용·て(접조), 忘るる : わする(하2단)연체(계조か~연체호응)

* 昔へ人 고인(へ방향을 나타내는 접미어)

이연형

年経れば歳は老いぬ。(枕草子)

[한국어역] 세월이 지나서 나이를 먹었다.

経れ·ば : ふ(하2단)이연·ば(접조), 老い·ぬ : おゆ(상2단)연용·ぬ(완료)종지

海は荒るれども、心はすこし凪ぎぬ。(土佐日記)

[한국어역] 바다는 거칠어도 마음은 조금 평온을 찾았다.

荒るれ·ども : あるる(하2단)이연·ども(접조), 凪ぎ·ぬ : なぐ(상2단)연용·ぬ(완료)종지

명령형

我を助けよ。(宇治拾遺物語)

[한국어역] 나를 구하거라.

助けよ : たすく(하2단)명령

※ 참조 1

현대어의 하1단동사는 고어에서는 하2단동사인데 다음과 같은 차이가 있다.

1. 현대어에서 2음절 동사인 得る, 経る, 寝る의 3단어는 고어의 기본형이 得, 経, 寝로 1음절 동사이다.
2. 현대어의 出る는 고어에서는 기본형이 出づ이다.
3. 현대어의 植える, 飢える, 据える의 3단어는 고어의 기본형이 植う, 飢う, 据う로 ワ행으로 활용한다. 그러므로 미연형, 연용형, 명령형은 うゑ(ず), うゑ(たり), うゑよ와 같이 표기된다.
4. 현대어에는 ヤ행 하1단동사가 없으나 고어에는 ヤ행 하2단동사가 있다. 覚ゆ, 聞こゆ, 絶ゆ 등
5. 현대어에는 ハ행, 하1단동사가 없으나 고어에는 ハ행 하2단동사의 예가 많다(教ふ, 答ふ, 数ふ 등).

고어				현대어			
동사활용	행	종지형	미연형	동사활용	행	종지형	미연형
하2단	ア행	う(得)	え(ず)	하1단	ラ행	え(得)る	え(ない)
하2단	ハ행	おし(教)ふ	おしへ(ず)	하1단	ラ행	おし(教)える	おしえ(ない)
하2단	ヤ행	おぼ(覚)ゆ	おぼえ(ず)	하1단	ラ행	おぼ(覚)える	おぼえ(ない)
하2단	ワ행	う(植)う	うゑ(ず)	하1단	ラ행	う(植)える	うえ(ない)

※ 참조 2

현대어의 하1단동사 중, 표기상 -える인 동사는 고어에서는 종지형과 미연형이 다른 형태를 취한다.

Q&A 7

고전 작품에 쓰인 동사의 뜻을 사전에서 찾을 때 기본형(종지형)을 어떻게 찾아야 할까요?

☞ 예를 들어 하2단동사에서 기본형(종지형)을 찾는 방법은, おしへ(ず), おしへ(たり) 등과 같이 접속한 조동사 앞의 동사 おしへ의 h-e의 e를 u로 바꾸면 종지형 おしふ(h-u)가 됩니다. 이는 상2단동사의 경우도 마찬가지입니다. おき(ず), おき(たり) 등에서 조동사 앞의 동사 おき의 k-i의 i를 u로 바꾸면 おく(k-u)가 되는데 이것이 기본형(종지형)으로 사전에 실린 동사의 형태입니다. 상2단, 하2단활용동사의 경우, 종지형이 4단동사와 혼동하기 쉬우니 주의해야 합니다. 그 외의 동사들은 약간의 차이는 있지만 대부분 현대어 동사의 지식을 적용하면 됩니다.

【연습문제 5】

[1] 다음의 빈칸에 적합한 동사 활용을 넣으시오.

기본형	미연형	연용형	종지형	연체형	이연형	명령형
寝(ぬ)						
受(う)く						
告(つ)ぐ						
失(う)す						
混(ま)ず						
隔(へだ)つ						
出(い)づ						
訪(たづ)ぬ						
教(おし)ふ						
比(くら)ぶ						
始(はじ)む						
越(こ)ゆ						
忘(わす)る						
植(う)う						

【연습문제 5】

[2] ①~② : (　)안의 동사를 문맥에 맞는 형태로 히라가나로 쓰시오.

③~⑥ : 밑줄 친 동사의 종류와 활용형을 쓰시오.

① 節を(　隔つ　)てよごとに金ある竹を(　見つく　)事かさなりぬ。(竹取物語)

[한국어역] 마디를 걸러 마디마다 황금이 있는 대나무를 발견하는 일이 빈번했다.

② (　数ふ　)ば年の残りもなかりけり。(新古今和歌集)

[한국어역] 세어보니 한 해도 얼마 남지 않았다.

③ その月は、海よりぞ<u>出で</u>ける。(土佐日記)

[한국어역] 그 달은 바다에서 나왔다(떴다).

④ よき友三つあり。一つには物<u>くるる</u>友、二つには医師、三つには知恵ある友。(徒然草)

[한국어역] 좋은 벗이 셋 있다. 하나는 무언가 주는 벗, 둘째는 의사, 셋째는 지혜 있는 벗.

⑤ 雲たなびきたる所を行きて<u>尋ねよ</u>。(宇治拾遺物語)

[한국어역] 구름이 걸려 있는 곳을 가서 묻거라.

⑥ 古きちなみあれば<u>訪ぬ</u>。(奥の細道)

[한국어역] 오랜 인연이 있어서 방문하였다.

(6) ナ행변격활용동사(ナ行変格活用動詞)

死(し)ぬ는 a(ア), i(イ), u(ウ), e(エ)의 4단에 걸쳐 활용하지만, 각각의 활용형의 형태가 모두 다르므로 ナ행변격활용동사로 취급한다. 동사 중 여섯 개의 활용형이 각각 다른 형태를 취하는 것은 ナ행변격동사뿐이다. 4단동사와는 연체형, 이연형이 다르고 상2단활용동사와는 미연형, 명령형이 다르다. ナ행변격동사는 死(し)ぬ (죽다)와 往(い)ぬ (사라지다. 지나가 버리다) 2단어뿐이다. ナ행변격동사는 후대로 내려오면서 활용 형태가 변화하여 현대어에서는 5단동사가 되었다.

기본형	미연형 (ず,む,ば)	연용형 (て, たり)	종지형 (~。べし)	연체형 (時, なり)	이연형 (ば, ども)	명령형
し(死)ぬ	しな	しに	しぬ	しぬる	しぬれ	しね

미연형

都(みやこ)の中(うち)に多(おほ)き人、死(し)なざる日(ひ)はあるべからず。(徒然草)

[한국어역] 도읍지에 많은 사람이, 죽지 않는 날이 없을 것이다.

多き : おほし(ク형)연체, 死な·ざる : しぬ(ナ변)미연·ず(부정)연체, ある·べから·ず : あり(ラ변)연체·べし(추량)미연·ず(부정)종지

長(なが)くとも、四十(よそぢ)に足(た)らぬほどにて死(し)なんこそ、めやすかるべけれ。(徒然草)

[한국어역] 길어야 마흔이 채 되지 않은 정도에 죽는 것이 보기에 흉하지 않을 것이다.

足ら·ぬ : たる(4단)미연·ず(부정)연체, 死な·ん : しぬ(ナ변)미연·ん(む·완곡)종지, めやすかる·べけれ : めやすし(ク형, カリ활용)연체·べし(추량)이연(계조 こそ～이연호응)

水(みづ)に溺(おぼ)れても死(し)なば死ね。いざわたさん (平家物語)

[한국어역] 물에 빠져서 죽게 된다면 죽어라. 자, 건너자.

死な·ば : しぬ(ナ변)미연·ば(접조), 死ね : しぬ(ナ변)명령, わたさ·ん : わたす(4단)미연·ん(む·의지)종지

연용형

死にて後には、よろづのことすれども、誰が見はやし、(落窪物語)

[한국어역] 죽은 다음에는 온갖 일을 하더라도, 누가 보고 칭찬할 것이며.

死に·て : しぬ(ナ변)연용·て(접조), すれ·ども : す(サ변)이연·ども(접조), 見はやし : みはやす(4단, 보고 칭찬하다)연용

むかし、をとこ、狩に往にけり。(伊勢物語)

[한국어역] 예전에 한 남자가 사냥을 갔었다.

往に·けり : いぬ(ナ변)연용·けり(과거)종지

종지형

鎖をついさして、鍵をば取りて往ぬ。(落窪物語)

[한국어역] 자물쇠를 잠그고, 열쇠를 갖고 갔다.

ついさし·て : ついさす(4단, つきさす의 イ음편)연용·て(접조), 往ぬ : いぬ(ナ변)종지

この盗人死ぬべき心地す。(宇治拾遺物語)

[한국어역] 이 도둑은 죽을 것 같은 마음이 들었다.

死ぬ·べき : しぬ(ナ변)종지·べし(추량)연체

연체형

はかなく死ぬる事、命ある物はあさましき事なり。(宇治拾遺物語)

[한국어역] 허무하게 죽는 일, 생명이 있는 것은 참 한 치 앞을 모르는 일이다.

死ぬる : しぬ(ナ변)연체, あさましき : あさまし(シク형)연체형

「知らず」ともいひ、ものもいはでもいぬる者は、いみじう憎し。(枕草子)

[한국어역] '모른다'라고 말하거나, 아무런 말도 하지 않고 가버리는 사람은 아주 밉살스럽다.

知ら·ず : しる(4단)미연·ず(부정)종지, いぬる : いぬ(ナ변)연체, いは·で : いふ(4단)미연·で(접조)부정

이연형

ひりかけして往(い)ぬれば、よもまうで来(こ)じ。(落窪物語)

[한국어역] (그 노인은) 배탈이 나서 갔으니, 설마하니 다시 오진 않을 것이다.

往ぬれ·ば : いぬ(ナ변)이연·ば(접조), まうで来·じ : まうでく(カ변 겸양어)미연·じ(부정추량)종지

* よも～じ : 설마～하지 않겠지

명령형

「はや往(い)ね」と言ふ声(こゑ)もいといみじくあてはかなり。(落窪物語)

[한국어역] '빨리 가거라' 하는 소리도 매우 품위가 있다.

往ね : いぬ(ナ변)명령, あてはかなり(ナリ형동, 우아하다)종지

【연습문제 6】

①~② : (　)안의 동사를 문맥에 맞는 형태로 히라가나로 쓰시오.

③~⑥ : 밑줄 친 동사의 종류와 활용형을 쓰시오.

①「雀(すずめ)の落(お)して(　往(い)ぬ　)物(もの)は」とて寄(よ)りて見れば、(宇治拾遺物語)

[한국어역] '참새가 떨어뜨리고 간 것은' 하고 다가가 보니

② これまで逃(のが)れ来(く)るは、汝(なんぢ)と一所(いっしょ)で(　死ぬ　)んと思(おも)ふためなり。(平家物語)

[한국어역] 여기까지 도망온 것은 너와 같은 곳에서 죽으려고 마음먹었기 때문이다.

③ 御車(みくるま)の後(うしろ)に乗(の)りて往(い)ぬ。(落窪物語)

[한국어역] 우차 뒤에 타고 가버렸다.

④ 馬(うま)より落(お)ちて死(し)ににけり。(徒然草)

[한국어역] 말에서 떨어져 죽어버렸다.

⑤ 女(をんな)、死(し)ぬべき心地(ここち)したまふ。(落窪物語)

[한국어역] 여인은 죽을 것 같은 심정이 되셨다.

⑥ 北(きた)の方(かた)、「憎(みにく)し、疾(と)く死(し)ねかし」と思(おも)ふ。(落窪物語)

[한국어역] 마님은 '꼴 보기 싫어, 빨리 죽어 버리지'라고 생각한다.

(7) ラ행변격활용동사(ラ行変格活用動詞)

ラ행변격활용동사는 a(ア), i(イ), u(ウ), e(エ)의 4단으로 활용하지만 4단동사와 다른 것은 종지형이 る(r-u)가 아니고 り(r-i)로 끝난다는 것이다. 이 동사류는 あり(ある), をり(いる), はべり(あります, います, ~です), いますがり(いらっしゃる)의 4단어이다.

ラ행변격활용동사 중 あり는 여러 가지 용언과 합성해 다양한 조동사를 만들기도 한다. に+あり→なり, て+あり→たり, と+あり→たり, き+あり→けり, み+あり→めり 등

기본형	미연형 (ず,む,ば)	연용형 (て, けり)	종지형 (~。)	연체형 (時, なり)	이연형 (ば, ども)	명령형
あ(有)り	あら	あり	あり	ある	あれ	あれ

* あり는 보통 けり에 접속한다.

미연형

この国(くに)にある物(もの)にもあらず。(竹取物語)

[한국어역] 이 나라에 있는 물건도 아니다.

ある : あり(ラ변)연체, あら·ず : あり(ラ변)미연·ず(부정)종지

いでや、たれかかくて明(あ)かす人あらむ。(和泉式部日記)

[한국어역] 도대체, 누가 이렇게 밤을 꼬박 새우는 사람이 있겠는가?

あら·む : あり(ラ변)미연·む(추량)연체(계조か~연체호응)

春(はる)まで命(いのち)あらば、必(かなら)ず来(こ)む。(更級日記)

[한국어역] 봄까지 살아있으면 반드시 오겠다.

あら·ば : あり(ラ변)미연·ば(접조), 来·む : く(カ변)미연·む(의지)종지

연용형

十三日(とをかあまりみか)の暁(あかつき)に、いささかに雨降(あめふ)る。しばしありてやみぬ。(土佐日記)

[한국어역] 13일 새벽에, 약간 비가 오다. 잠시 있다가 그쳤다.

あり·て : あり(ラ변)연용·て(접조), やみ·ぬ : やむ(4단)연용·ぬ(완료)종지

むかし、男ありけり。……西の京に女ありけり。(伊勢物語)

[한국어역] 예전에, 한 남자가 있었다. …… (나라 지방에서 떨어진) 교토에 한 여자가 있었다.

あり·けり : あり(ラ변)연용·けり(과거)종지

종지형

この寺の岸ほとりに、柳多くあり。(土佐日記)

[한국어역] 이 절 기슭 언저리에 버드나무가 많다.

多く : おほし(ク형)연용, あり : あり(ラ변)종지

연체형

世にありとある人はみな、姿かたち心ことにつくろひ、(枕草子)

[한국어역] (정월 초하루에는) 세상에 있는 모든 사람은 의복과 용모를 각별히 단정히 하고,

ありとある(온갖, 모두) : あり(ラ변 명사화)연용·と(격조)·あり(ラ변)연체

이연형

池などは、さながらあれど、浮草·水草など、茂りて……。(枕草子)

[한국어역] 연못이랑은 그대로 있지만, 부평초, 물풀 같은 것이, 무성해서……

あれ·ど : あり(ラ변)이연·ど(접조) ⋆ さながら 그대로

うちつづき、幼き人々あれば、頼もし。(落窪物語)

[한국어역] (우리에게는) 앞으로도 어린아이들이 있어서 마음이 든든하다.

あれ·ば : あり(ラ변)이연·ば(접조)

명령형

さもあらばあれ、(和泉式部日記)

[한국어역] 그럴 거면 그래라. (어떻게 되든 상관없다.)

さ·も·あら·ば·あれ : さ(부사 그렇게)·も(계조)·あり(ラ변)미연·ば(접조), あれ : あり(ラ변)명령

悪(あ)しくもあれ、いかにもあれ、たよりあらばやらむ。(土佐日記)

[한국어역] (어린아이가 만든 시가이니) 나쁘든, 어떻든, 기회가 있으면 보내주겠다.

あれ : あり(ラ변)명령, あら·ば : あり(ラ변)미연·ば(접조), やら·む : やる(4단)미연·む(의지)종지

【연습문제 7】

①~② : (　)안의 동사를 문맥에 맞는 형태로 히라가나로 쓰시오.

③~⑥ : 밑줄 친 동사의 종류와 활용형을 쓰시오.

① この国(くに)になき、天竺(てんぢく)、唐土(もろこし)の物にも(　あり　)ず。(竹取物語)

[한국어역] 이 나라에 없고, 천축(인도의 옛 이름), 중국의 물건도 아니다.

② いと易(やす)きことにこそ(　あり　)。(うつほ物語)

[한국어역] 매우 쉬운 일이다.

③ いさ、あまたあれば知(し)らず。(うつほ物語)

[한국어역] 글쎄, 너무 많아서 모르겠다.

④ 喜(よろこ)びもあり、悲(かな)しびもある時(とき)にはよむ。(土佐日記)

[한국어역] 기쁜 일이 있거나, 슬픈 일이 있을 때에는 시가를 읊는다.

⑤ 人みな病(やまひ)あり。(徒然草)

[한국어역] 사람은 모두 병이 있다.

⑥ 法師(はふし)になりて夜昼離(よるひるはな)れず付(つ)きてあれ。(宇治拾遺物語)

[한국어역] 승려가 되어서 밤낮으로 떨어지지 말고 곁에 있어라.

(8) カ행변격활용동사(カ行変格活用動詞)

i(イ), u(ウ), o(オ)의 3단에 걸쳐 활용하는 カ행의 동사이므로 カ행변격활용동사로 취급한다. 이 동사는 来(く) 한 단어밖에 없다. 명령형은 상대 시대 및 중고 시대 초기에는 こ였으나 중기 이후에는 감탄조사 よ가 붙어서 こよ가 되었다. 현대어에서도 カ행변격동사라고 한다. 현대어에서의 기본형은 くる이며, 명령형은 こい로 바뀌었다.

기본형	미연형 (ず,む,ば)	연용형 (て, たり)	종지형 (~。べし)	연체형 (時, なり)	이연형 (ば, ども)	명령형
く(来)	こ	き	く	くる	くれ	こ(よ)

미연형

燕(つばくらめ)も、人のあまた上(のぼ)りゐたるにおぢて、巣(す)にも上(のぼ)り来(こ)ず。(竹取物語)

[한국어역] 제비도 사람들이 많이 나무에 올라와 있어서 겁을 내고, 둥지에도 날아오르지 못한다.

上り·ゐ·たる : のぼる(4단)연용·ゐる(상1단)연용·たり(존속)연체, おぢ·て : おづ(상2단)연용·て(접조), 上り·来·ず : のぼる(4단)연용·く(カ변)미연·ず(부정)종지

いま、秋風(あきかぜ)吹(ふ)かむをりぞ、来(こ)むとする。待(ま)てよ。(枕草子)

[한국어역] 이제, 가을바람이 불 때쯤, 찾아오려 한다. 기다려라.

吹か·む : ふく(4단)미연·む(추량)연체, 来·む : く(カ변)미연·む(의지), する : す(サ변)연체(계조 ぞ~연체호응), 待て : まつ(4단)명령

月の都(みやこ)の人まうで来(こ)ば、捕(とら)へさせんと申(まう)す。(竹取物語)

[한국어역] (다케토리옹은 사신에게) 달나라 사람들이 오면, (사람들로 하여금) 붙잡게 하겠다고 말씀드린다.

まうで来·ば : まうでく(カ변 겸양어)미연·ば(접조), 捕へ·させ·ん : とらふ(하2단)미연·さす(사역)미연·ん(む·의지)종지

연용형

恋(こひ)しくは来(き)ても見(み)よかし。(伊勢物語)

[한국어역] 그리 그리우면 와서 보시기를.

恋しく·は : こひし(シク형)연용·は(계조), 来·て : く(カ변)연용·て(접조), 見よ : みる(상1단)명령, かし(종조) 다짐, 확인

日高(ひたか)くなるほどに、迎(むか)への人来(き)たり。(源氏物語)

[한국어역] 해가 중천에 떠오를 무렵에, 마중하러 사람이 왔다.

来·たり : く(カ변)연용·たり(완료)종지

종지형

海賊(かいぞく)追(お)ひ来(く)、といふこと、絶(た)えず聞(き)こゆ。(土佐日記)

[한국어역] '해적들이 쫓아온다'라는 말이 끊임없이 들린다.

追ひ来 : おひく(カ변)종지, 聞こゆ : きこゆ(하2단)종지

かならず来(く)べき人のもとに、車(くるま)をやりて待(ま)つに、来(く)る音(おと)すれば、(枕草子)

[한국어역] 필시 올 사람 거처로 우차(소가 끄는 가마)를 보내고 기다리니, 오는 소리가 나는데,

来·べき : く(カ변)종지·べし(추량)연체, 来る : く(カ변)연체, すれば : す(サ변)이연·ば(접조)

연체형

山の方(かた)より人あまた来(く)る音(おと)す。(更科日記)

[한국어역] 산 쪽에서 사람들이 많이 오는 소리가 들린다.

来る : く(カ변)연체

이연형

夜更(よふ)けて来(く)れば、ところどころも見(み)えず。(土佐日記)

[한국어역] 밤이 깊어서야 (교토에) 오니, 여러분들(마중 나온 사람들)도 보이지 않는다.

来れ·ば : く(カ변)이연·ば(접조), 見え·ず : みゆ(하2단)·ず(부정)종지 ⋆ ところどころ : '여러 사

람'의 경칭

명령형

まづ紙燭(しそく)さして来(こ)。(竹取物語)

[한국어역] 우선 등불을 가져오라.

来 : く(カ변)명령

童(わらは)をば、「暁迎(あかつきむか)へに来(こ)よ」とて返(かへ)しやりつ。(宇治拾遺物語)

[한국어역] 부리는 동자를 '내일 새벽에 맞으러 오라'고 하며 돌려보냈다.

来よ : く(カ변)명령, 返し·やり·つ : かへす(4단)연용·やる(4단)연용·つ(완료)종지, をば : を(격조)+ば(계조 は의 탁음화) を를 강조함

【연습문제 8】

①~⑤ : (　)안의 동사를 문맥에 맞는 형태로 히라가나로 쓰시오.

① かの国の人(　来　)ば、みなあきなむとす。(竹取物語)

[한국어역] 그 나라(달나라) 사람이 오면, (문이) 모두 열릴 것이다.

② 鬼(おに)ども出(い)で(　来　)たり。(宇治拾遺物語)

[한국어역] 귀신들이 나타났다.

③ こち(　来　)。これきけ。(枕草子)

[한국어역] 이리 와. 이 얘기 들어 봐.

④ 人々(ひとびと)絶(た)えずとぶらひに(　来　)。(土佐日記)

[한국어역] 사람들이 끊임없이 찾아온다.

⑤ かくうたふを聞(き)きつつ漕(こ)ぎ(　来　)に、(土佐日記)

[한국어역] 이렇게 (뱃노래) 부르는 것을 들으며 배가 항해하는데,

(9) サ행변격활용동사(サ行変格活用動詞)

i(イ), u(ウ), e(エ)의 3단에 걸쳐 활용하는 サ행의 동사이므로 サ행변격활용동사라 하며, す, おはす('있다' '가다' '오다'의 존경어)의 2단어 밖에 없다. 특징적인 것은 미연형(せ)과 명령형(せよ)이 せ의 형태를 취한다는 점이다. 현대어에서도 サ행변격활용동사라고 한다. 현대어에서의 기본형은 する이며, 미연형은 し 명령형은 しろ이다.

기본형	미연형 (ず,む,ば)	연용형 (て, たり)	종지형 (~。べし)	연체형 (時, なり)	이연형 (ば, ども)	명령형
す	せ	し	す	する	すれ	せよ

미연형

遠(とほ)き物(もの)を宝(たから)とせず。(徒然草)

[한국어역] 먼 곳에서 온 물건(외국 물건)을 보배로 여기지 않는다.

せ·ず : す(サ변)미연·ず(부정)종지

何(なに)にせむとするぞ (うつほ物語)

[한국어역] 무엇을 위해 하는가?

せ·む : す(サ변)미연·む(의지)종지, する·ぞ : す(サ변)연체·ぞ(종조)

つゆ荒(あら)うもせば、沈(しづ)みやせむ。(枕草子)

[한국어역] 조금이라도 거칠게 하면, 배가 빠지지나 않을까.

荒う : あらし(ク형·う음편)연용, せ·ば : す(サ변)미연·ば(접조), せ·む : す(サ변)미연·む(추량)연체(계조や~연체호응) * つゆ : 아주 조금

연용형

いろいろの病(やまひ)をして、行(ゆ)く方(かた)そらもおぼえず、(竹取物語)

[한국어역] 여러 가지로 병이 들어서, 가는 행선지조차도 모르고,

し·て : す(サ변)연용·て(접조), おぼえ·ず : おぼゆ(하2단)미연·ず(부정)종지, そら : すら(부·조)의

변화형

若(わか)き人おはしけり。(枕草子)

[한국어역] 젊은 사람이 계셨다.

おはし·けり : おはす(サ변, 존경어)연용·けり(과거)종지

종지형

この世(よ)の人は、男(をとこ)は女(をんな)にあふことをす。女は男にあふことをす。(竹取物語)

[한국어역] 세상 사람들은, 남자는 여자를 만나는 일을 한다. 여자는 남자를 만나는 일을 한다.

す : す(サ변)종지

연체형

ここにおはするかぐや姫(ひめ)は、重(おも)き病(やまひ)をしたまへば、(竹取物語)

[한국어역] 여기에 계시는 가구야히메께서는 큰 병에 걸리셔서,

おはする : おはす(サ변, 존경어)연체, し·たまへ·ば : す(サ변)연용·たまふ(4단, 존경보조)이연·ば(접조)

途(と)に、手向(たむ)けするところあり。(土佐日記)

[한국어역] 도중에 신불에게 공양을 바치는 곳이 있다.

する : す(サ변)연체 ⋆手向(たむ)け : 신불에게 바치는 공물

이연형

雨降(あめふ)りなどすれば、恐(おそ)ろしくていもねられず。(更科日記)

[한국어역] 비가 내리기도 해서 무서워서 잠들지 못했다.

すれ·ば : す(サ변)이연·ば(접조), い·も·ね·られ·ず : い(寝명사·잠)·も(계조)·ぬ(寝 하2단)미연·らる(가능)미연·ず(부정)종지

弓矢(ゆみや)を取(と)りたてむとすれども、手(て)に力(ちから)もなくなりて、(竹取物語)

[한국어역] 활에 화살을 장전하려 해도 손에 힘이 빠져서,

取りたて·む : とりたつ(하2단)미연·む(의지)종지, すれ·ども : す(サ변)이연·ども(접조)

명령형

ここを人にも知(し)らせず、忍(しの)びておはせよ。(源氏物語)

[한국어역] 여기를 사람들에게 알리지 말고, 몰래 계십시오.

知ら·せ·ず : しる(4단)미연·す(사역)미연·ず(부정)연용, おはせよ : おはす(サ변, 존경어)명령

このことばかりは、わが思(おも)ふやうにせよ。(落窪物語)

[한국어역] 이번 일만큼은, 내가 생각한 대로 하라.

せよ : す(サ변)명령

복합동사

동사 す는 고유어와 한자어에 붙어서 복합동사를 만든다. 연탁현상의 ず도 サ행변격활용 동사로 취급한다.

① 고유어(명사)+す : あるじす　心地(ここち)す　心(こころ)す　旅(たび)す　罪(つみ)す　ものす　物語(ものがたり)す
그 외 : 甘(あま)んず　軽(かろ)んず　全(まった)うす　新(あら)たにす

② 한자어+す : 愛(あい)す　死(し)す　辞(じ)す　賞(しゃう)す　対面(たいめん)す　読経(どきゃう)す
한자어+ず : 感(かん)ず　成(じゃう)ず　進(しん)ず　通(つう)ず　点(てん)ず　論(ろん)ず　領(りゃう)ず

【연습문제 9】

①~② : (　)안의 동사를 문맥에 맞는 형태로 히라가나로 쓰시오.

③~⑥ : 밑줄 친 동사의 종류와 활용형을 쓰시오.

① 女(をんな)も(　す　)てみむとて(　す　)なり。(土佐日記)

[한국어역] 여자인 나도 써 보려고 하는 것이다.

② 暁(あかつき)まで門(もん)たたく音(おと)も(　す　)ず。(枕草子)

[한국어역] 새벽녘까지 문을 두드리는 소리도 없다.

③ ただ静(しづ)かなるを望(のぞ)みとし、憂(うれ)へなきを楽(たの)しみとす。(方丈記)

[한국어역] 단지 (큰 풍파 없이) 조용히 지낼 수 있기를 바라며, 근심 없음을 낙으로 삼는다.

④「これ手本(てほん)にせよ」とて、(更科日記)

[한국어역] '이걸 본보기로 하라'면서.

⑤ 今日(けふ)はかくておはすれば、内外(うちと)人多(ひとおほ)く、(更科日記)

[한국어역] 오늘은 이렇게 계시니, 안팎으로 사람이 많고,

⑥ さらに答(いら)へする人もなかりければ、(平中物語)

[한국어역] 대답하는 사람이 전혀 없어서,

4. 보조동사(補助動詞)

동사 본래의 의미가 약해져, 앞의 말을 보조하여 의미를 첨가하는 동사를 보조동사라고 한다. 아래 ①의 あり·おはす는 본동사로서, '있다' '계시다'라는 구체적인 의미를 나타내고 있다. ②의 あり, おはす는 보조동사로 쓰여, 단정을 나타내는 '~이다'(~である), '~이십니다' (~でいらっしゃる)의 의미를 나타내고 있다.

① 昔男(をとこ)ありけり。(伊勢物語)

[한국어역] 옛날에 한 남자가 있었다.

門(もん)をたたきて、「くらもちの皇子(みこ)おはしたり」と告(つ)ぐ。(竹取物語)

[한국어역] 문을 두드리며, '구라모치 왕자가 오셨습니다'라고 고한다.

おはし·たり : おはす(サ변)연용·たり(완료)종지

② 龍(たつ)は鳴(な)る神(かみ)の類(るい)にこそありけれ。(竹取物語)

[한국어역] 용은 치는 신(번개)와 같은 부류이다.

あり·けれ : あり(ラ변)연용·けり(과거)이연(계조 こそ~이연호응)

見知(みし)らぬやうにておはす。(源氏物語)

[한국어역] 모르시는 것 같습니다.

見知ら·ぬ : みしる(4단)미연·ず(부정)연체

보조동사로 쓰이는 것에는 あり, をり가 있으며 경어보조동사로는 給(たま)ふ, 奉(たてまつ)る, 申(まう)す, 聞(き)こゆ, 侍(はべ)り, 候(さぶら)ふ, おはす 등이 있다.

5. 동사의 음편(音便)

발음의 편의상 본래의 음과 다른 음이 되는 것을 음편(音便)이라고 한다. 동사활용에서 일어나는 음편은 주로 4단동사, ラ행변격활용동사, ナ행변격활용동사의 연용형이 て たり에 이어질 때 다른 음으로 바뀌는 것을 말하며 い음편(イ音便), う음편(ウ音便), ん음편(撥音便), つ음편(促音便)이 있다.

음편	동사	기본형	연용형-て	음편형
い음편 (イ音便)	カ행동사	か(書)く	かきて	かいて
	ガ행동사	いそ(急)ぐ	いそぎて	いそいで
	サ행동사	さ(差)す	さして	さいて
う음편 (ウ音便)	ハ행동사	うた(歌)ふ	うたひて	うたうて
	バ행동사	と(飛)ぶ	とびて	とうで
	マ행동사	よ(読)む	よみて	ようで
ん음편 (撥音便)	バ행동사	と(飛)ぶ	とびて	とんで
	マ행동사	よ(読)む	よみて	よんで
	ナ행변격동사	し(死)ぬ	しにて	しんで
っ음편 (促音便)	タ행동사	た(立)つ	たちて	たつて
	ハ행동사	おも(思)ふ	おもひて	おもつて
	ラ행동사	と(取)る	とりて	とつて
	ラ행변격동사	あ(有)り	ありて	あつて

※ 참조1 – 음편의 무표기

i. ラ행변격동사의 ん음편(撥音便)

あるなり→あんなり·あなり　　　あるめり→あんめり·あめり

あり 및 あり와 결합하여 이루어지는 활용어들(なり 등)은 조동사 めり, なり 등에 연결될 때, ん

음편(撥音便)이 일어나는 경우가 있다. 이 ん음편은 あんなり, あんめり로 발음을 하면서도 あなり, あめり와 같이 ん표기를 하지 않은 경우도 있다. 후에는 무표기에 무발음으로 자리 잡게 된다.

ⅱ. 촉음편(っ)

たちて→たつて·たて

촉음편 っ은 현대가나표기법에서는 작게 표기하나 고어에서는 보통크기의 히라가나 つ로 표기하였다. 이 촉음편(っ)은 たつて로 표기하고 たって로 발음하는데, 이같이 발음하면서도 たて와 같이 つ표기를 하지 않은 경우도 있다.

※ 참조2 - 동사 활용종류의 구분법

어휘수가 많은 4단, 상2단, 하2단활용동사는 미연형(~ず, む에 접속)을 만들어 보면 구분할 수 있다. 어휘 수가 적은 ナ행, ラ행, カ행, サ행변격활용동사들은 암기해 두는 것이 좋다. 대체적으로 동사의 구분은 일본어의 현대어 동사에서 유추해 가는 것이 좋다.

어휘 수가 많은 동사		
4단활용동사 咲(さ)く	미연형이 a (ア)단인 동사	咲か(ず)
상2단활용동사 起(お)く	미연형이 i (イ)단인 동사	起き(ず)
하2단활용동사 助(たす)く	미연형이 e (エ)단인 동사	助け(ず)

어휘 수가 적은 동사	
상1단활용동사(9개)	着(き)る 似(に)る 煮(に)る 干(ひ)る 見(み)る 射(い)る 鋳(い)る 居(ゐ)る 率(ゐ)る
하1단활용동사(1개)	蹴(け)る
ナ행변격활용동사(2개)	死(し)ぬ 往(い)ぬ
ラ행변격활용동사(4개)	あり 居(を)り はべり いますがり
カ행변격활용동사(1개)	来(く)
サ행변격활용동사(2개)	す おはす

제2장 형용사

주로 사물의 성질, 상태를 나타내는 자립어를 형용사라 한다. 현대어의 형용사는 い로 끝나지만 고어에서는 し로 끝난다. 또 현대어에서는 형용사 활용의 종류는 하나인데, 고어의 형용사는 활용에 따라 ク활용형용사와 シク활용형용사의 2종류가 있다. 현대어의 형용사 중 たのしい, うれしい와 같이 어미 い 앞의 어간이 し로 끝나는 형용사는 고어 문법에서는 シク활용형용사이며, 그 외의 형용사는 ク활용형용사로 구분된다.

고어의 ク활용형용사와 シク활용형용사의 종지형은 두 가지 다 し로 끝나지만 연용형은 차이가 있다. 연용형에 なる를 붙여보면, ク활용형용사는 あつくなる와 같이 어미 し가 く로 바뀌는데, シク활용형용사는 たのしくなる와 같이 어미 し에 く가 부가되어 차이를 보인다. 형용사의 명칭도 이 구별에 따라서 ク활용형용사, シク활용형용사라 부른다.

1. 형용사 활용형의 용법

형용사 활용형의 기본적인 용법이 동사와 다른 점은 형용사 단독으로는 조동사에 접속할 수 없다는 점이다.

미연형 : 형용사의 미연형은 없다.

* 가정조건을 나타낼 때에 형용사도 동사와 마찬가지로 미연형에 접속조사 ば가 붙는다고 보는 견해가 있다. 이 경우, 형용사의 경우는 は로 표기되고, wa로 발음되었다고 본다.

연용형 : 문의 흐름을 일단 끊어주는 문의 중지법으로 사용된다.
다른 용언을 수식해 준다.
접속조사 て와 결합하여 다음 말들에 이어주는 역할을 한다.
계조사 は와 결합하여 가정조건을 나타낸다.

종지형 : 독립된 어형으로 문을 종지한다. 종지형은 형용사의 기본형이다.

연체형 : 체언을 수식한다.
앞에 계조사 ぞ, なむ, や, か를 포함한 문에서 문을 종지하는 형태가 된다.

이연형 : ば、ども와 결합하여 확정조건을 나타낸다. (순접, 역접)

이연형에 조사 ば가 붙으면 앞의 사항이 뒤의 사항을 결정짓는 확정조건이 되며, 접속조사 ど(も)가 붙으면 확정된 앞의 조건과 다른 사항이 뒤에 온다.

앞에 계조사 こそ를 포함한 문에서 문을 종지하는 형태가 된다.

명령형 : 형용사의 명령형은 없다.

2. 형용사 활용의 종류

(1) ク활용형용사

ク활용형용사는 高し(높다), 広し(넓다), 若し(젊다)와 같이 사물의 성질이나 상태를 나타내는 경우가 많다. 종지형이 し로 끝나며 연체형이 き로서 현대어와 다르다.

기본형	미연형	연용형 (て, なる)	종지형	연체형 (時)	이연형 (ば, ども)	명령형
あつ(暑)し	○	あつく	あつし	あつき	あつけれ	○

미연형

형용사의 미연형은 없다.

연용형

猫はうへのかぎり黒くて、他はみな白からん。(枕草子)

[한국어역] 고양이는 등만 까맣고, 다른 데는 모두 하얀 것이 좋다.

黒く·て : くろし(ク형)연용·て(접조), 白から·ん : しろし(ク형·カリ활용)미연·ん(む·추량)종지

その山のさま、高くうるはし。(竹取物語)

[한국어역] 그 산의 모습은 높고 아름답다.

高く : たかし(ク형)연용, うるはし : うるはし(シク형)종지

君なくは誰にか見せむ宿の桜を (堤中納言物語)

[한국어역] 임이 없으면 누구에게 보여줄까 처소의 벚꽃을

なく·は : なし(ク형)연용·は(계조), 見せ·む : みす(하2단)미연·む(의지)연체(계조か~연체호응)

종지형

今日、風雲のけしきはなはだ悪し。(土佐日記)

[한국어역] 오늘은, 바람과 구름의 상태가 지극히 나쁘다.

悪し : あし(シク형)종지

手のわろき人のはばからず文書ちらすはよし。(徒然草)

[한국어역] 글씨 솜씨가 없는 사람이 거리낌 없이 글을 쓱쓱 써 내려가는 것은 바람직하다.

よし : よし(ク형)종지, わろき : わろし(ク형)연체, はばから·ず : はばかる(4단)미연·ず(부정)연용

연체형

暑きころなれば、貧しき人のためにはいとよし。(うつほ物語)

[한국어역] 더울 때이어서, 가난한 사람을 위해서는 매우 좋다.

暑き : あつし(ク형)연체, なれ·ば : なり(단정)이연·ば(접조), 貧しき : まどし(シク형)연체

天井の高きは、冬寒く、灯火暗し。(徒然草)

[한국어역] 천장이 높은 집은, 겨울에 춥고, 등불이 어둡다.

高き : たかし(ク형)연체, 寒く : さむし(ク형)연용, 暗し : くらし(ク형)종지

이연형

いとをさなければ、籠に入れてやしなふ。(竹取物語)

[한국어역] 아주 작아서 바구니에 넣어서 키웠다.

をさなけれ·ば : をさなし(ク형 작다·어리다)이연·ば(접조)

(2) シク활용형용사

シク활용형용사는 悲し(슬프다), 嬉し(기쁘다), 寂し(외롭다)처럼 인간의 감정을 나타내는 경우가 많다.

기본형	미연형	연용형 (て, なる)	종지형	연체형 (時)	이연형 (ば, ども)	명령형
たの(楽)し	○	たのしく	たのし	たのしき	たのしけれ	○

미연형

형용사의 미연형은 없다.

연용형

大将も、聞きたまひけることと、悲しくて泣きたまふ。(うつほ物語)

[한국어역] 다이쇼도 들으셨다고, 슬프셔서 우셨다.

聞き·たまひ·ける：きく(4단)연용·たまふ(4단 존경보조)연용·けり(과거)연체, 悲しく·て：かなし(シク형)연용·て(접조)

木立をかしき家に、琴の声ほのかに聞こゆるに、いみじう うれしくなりて、めぐる。(堤中納言物語)

[한국어역] 나무가 멋스러운 집인데다 고토(일본 전통 현악기) 소리도 어렴풋이 들리니 너무나 기뻐서 (그 집 주변을) 맴돈다.

をかしき：をかし(シク형)연체, ほのかに：ほのかなり(ナリ형동)연용, いみじう：いみじ(シク형·う음편)연용, うれしく：うれし(シク형)연용

종지형

雁などちひさく見ゆるはいとをかし。(枕草子)

[한국어역] 기러기 같은 새들이 작게 보이는 것은 매우 운치가 있다.

ちひさく：ちひさし(ク형)연용, 見ゆる：みゆ(하2단)연체, をかし：をかし(シク형)종지

いと心(こころ)もとなく、わびし。(枕草子)

[한국어역] 안절부절 못 하고 (눈이 남아 있을까) 걱정이다.

心もとなく : こころもとなし(ク형·초조하다)연용, わびし : わびし(シク형)종지

연체형

山崎(やまざき)の橋見(はしみ)ゆ。うれしきことかぎりなし。(土佐日記)

[한국어역] 야마자키 다리가 보인다. 더할 나위 없이 기쁘다.

うれしき : うれし(シク형)연체, かぎりなし : かぎりなし(ク형)종지

이연형

七夕(たなばた)まつるこそなまめかしけれ。(徒然草)

[한국어역] 칠석을 기리는 것은 기품 있다.

なまめかしけれ : なまめかし(シク형)이연(계조 こそ~이연호응)

いみじう心苦(こころぐる)しけれど、えも言(い)ひ出(い)でず、(夜の寝覚め)

[한국어역] 정말 가슴 아픈 일이지만, 말도 제대로 꺼내보지 못하고,

心苦しけれど : こころぐるし(シク형)이연·ど(접조)

※참조

그 외에 いみじ(대단하다, 슬프다 등), おなじ(같다), すさまじ(처참하다)와 같이 어미가 じ로 끝나는 형용사는 シク활용형용사에 넣는다. 연체형은 おなじ와 おなじき(한문체에서)의 두 가지로 쓰였다. 한편 同じくは는 형용사의 연용형에 계조사 は가 붙은 한 단어(이왕이면의 뜻)로 보기도 한다.

同(おな)じくは、御前(ごぜん)にてこの勝負定(しょうぶさだ)めむ (源氏物語)

[한국어역] 이왕이면 어전에서 이 승부를 내자.

---

3. 형용사의 カリ활용(보조활용)

형용사의 활용은 위의 기본적인 활용 이외에 カリ활용이라고 하여 형용사 활용을 보조하는 활용이 있다. 형용사의 기본활용으로는 과거나 추량 등의 표현을 할 수 없으므로 동사 あり를 개입시켜 조동사와 결합하여 표현을 다양화하는 것이다. カリ활용은 あつく(ku)+あ(a)り→あつか(ka)り와 같이 이루어진 것이다. 그러므로 조동사가 붙지 않는 종지형과 이연형은 カリ활용이 없다. 단, 多し만이 종지형 多(おほ)かり와 이연형 多かれ의 예가 보이므로 예외로 한다. 또한 カリ활용은 기본활용에는 없는 명령형의 형태가 보인다.

기본형	미연형 (ず, む)	연용형 (き, けり)	종지형	연체형 (べし, めり)	이연형	명령형
あつ(暑)し	あつから	あつかり	○	あつかる	○	あつかれ
たの(楽)し	たのしから	たのしかり	○	たのしかる	○	たのしかれ

미연형

宮(みや)もいふかひなからず。(和泉式部物語)

[한국어역] 왕자님도 (여인이) 대화를 나눌 만한 가치가 없지는 않다.

なから·ず : なし(ク형·カリ활용)미연·ず(부정)종지

いかに心細(こころぼそ)くわびしからむ。(うつほ物語)

[한국어역] 얼마나 쓸쓸하고 적적할까?

心細く : こころぼそし(ク형)연용, わびしから·む : わびし(シク형·カリ활용)미연·む(추량)연체

* いかに (か) 등의 의문을 나타내는 부사의 경우 연체형으로 맺는다.

연용형

死(しに)し子(こ)、顔(かほ)よかりき。(土左日記)

[한국어역] 죽은 자식이, 얼굴이 잘생겼다.(속담 : 잃어버린 것이 더 좋았다. '놓친 고기가 더 크다'는 뜻.)

死·し : しぬ(ナ변)연용·き(과거)연체, よかり·き : よし(ク형·カリ활용)연용·き(과거)종지

をりふし北風激しくて、磯打つ波も高かりけり。(平家物語)

[한국어역] 때마침 북풍이 심하게 불어서, 해안을 때리는 파도도 높았다.

激しく·て : はげし(シク형)연용·て(접조), 高かり·けり : たかし(ク형·カリ활용)연용·けり(과거)종지

종지형

(多かり의 예뿐이다)

よく見ればまだいと足らぬこと多かり。(紫式部日記)

[한국어역] 잘 보니 아직 너무 부족한 것이 많다.

見れば : みる(상1단)이연·ば(접조), 足ら·ぬ : たる(4단)미연·ず(부정)연체, 多かり : おほし(ク형·カリ활용)종지

⋆ 예외적으로 가나문에서는 종지형 多し의 예는 보이지 않고 多かり의 사용 예만 보인다.

연체형

言葉多かる人にて、つきづきしう言ひつづくれど、(源氏物語)

[한국어역] (고레다카 공은) 말하기를 좋아하는 사람이어서 분위기에 맞추어 말을 이어가지만,

多かる : おほし(ク형·カリ활용)연체, 言ひつづくれ·ど : いひつづく(하2단)이연·ど(접조)

あづまの国、田舎人になりてまどはむ、いみじかるべし。(更級日記)

[한국어역] 동쪽 지방 시골 사람이 되어서 길거리에 나앉는 것은 비참한 일일 것이다.

まどは·む : まどふ(4단)미연·む(완곡)연체, いみじかる·べし : いみじ(シク형·カリ활용)연체·べし (추량)종지

이연형

口惜しきこと多かれど、え尽くさず。(土佐日記)

[한국어역] 안타까운 일이 많지만 (일기에) 미처 다 쓸 수가 없다.

口惜しき : くちをし(シク형)연체, 多かれ·ど : おほし(ク형·カリ활용)이연·ど(접조), 尽くさ·ず : つくす(4단)미연·ず(부정)종지 ⋆ え～ず 미처~하지 못하다

명령형

師のいはく、初心の人二つの矢を持つことなかれ。(徒然草)

[한국어역] 스승이 말하기를, (궁술을) 처음 배우는 사람은 두 개의 화살을 가지지 말아라.

なかれ : なし(ク형·カリ활용)명령

Q&A 8

현대어의 형용사의 과거형은 よかった인데 고어와 관련이 있나요?

☞ 고어의 カリ활용은 현대어의 형용사 활용에서 미연형과 과거형에 남아있습니다.

i. 미연형 : よ.から.む의 추량 조동사 む는 음변화로 う로 변하여 よからう가 됩니다. 또한 よからう라고 표기하면서 よかろう로 발음하였는데 현대어표기법에서는 발음대로 よかろう로 표기하고 있습니다.

ii. 연용형 : よ.かり.き의 과거 조동사 き는 소멸되어 현대어에서 た로 대체됩니다. よかり의 かり는 た앞에서 촉음편(っ)이 일어나 よかった와 같이 かっ이 된 것입니다.

형용사 활용형·의미	고어	현대어
미연형·추량	よから·む	よかろ·う
연용형·과거	よかり·き	よかっ·た

※ 현대어의 형용사 활용

기본형	미연형 (う)	연용형 (なる, た)	종지형	연체형 (時)	가정형 (ば, ども)	명령형
高い	たかかろ	たかく たかかっ	たかい	たかい	たかけれ	○
楽しい	たのしかろ	たのしく たのしかっ	たのしい	たのしい	たのしけれ	○

4. 형용사 어간의 용법

형용사 어간은 동사의 어간에 비해 독립성이 강하며, 몇 가지 용법을 보이고 있다. 단, シク활용의 경우는 종지형이 어간과 같은 역할을 한다.

① 「あな、～」의 형태로 감탄을 나타낸다.

「あな、おもしろ」ときくほどに (枕草子)

[한국어역] '참으로 (퉁소 소리가) 흔쾌하구나' 하고 듣고 있으니

かぐや姫(ひめ)は、「あな、嬉(うれ)し」とよろこびてゐたり。(竹取物語)

[한국어역] 가구야히메는, '어머, 기뻐라'하고 좋아하고 있었다.

嬉し：うれし(シク형)종지, ゐ·たり：ゐる(상1단)연용·たり(존속)종지

② 「~の+체언+や」의 형태로 감탄을 나타낸다.

まことにあなめでたの物(もの)の香(か)や (源氏物語)

[한국어역] 정말로 더할 나위 없이 좋은 향이로구나.

をかしの御髪(みぐし)や。(源氏物語)

[한국어역] 참 아름다운 머리카락이군요.

③ 접미어 さ 또는 み를 뒤에 붙여서 명사화한다.

-み：重(おも)み(묵중함) 苦(くる)しみ(괴로움)

この世(よ)の楽(たの)しみに添(そ)へても、後(のち)の世(よ)を忘(わす)れたまふな。(源氏物語)

[한국어역] 현세의 즐거움을 누리더라도, 내세를 잊지 마십시오.

-さ : 悲しさ(슬픔), 久しさ(시간이 오래됨)

うれしさ限りなし。(宇治拾遺物語)

[한국어역] 기쁜 마음 그지없다.

④ み는 형용사 어간에 붙어서 원인·이유를 나타낸다. 「명사+を+형용사어간+み」의 형태로 '~가 ~해서'라는 의미가 된다. 상대 시대에 주로 쓰였다.

わかの浦に潮満ちくれば潟をなみ　葦辺をさして鶴鳴きわたる　(万葉集)

[한국어역] 와카노우라 포구에 조수가 밀려오니 갯벌이 없어져. 물가의 갈대밭을 향해 학이 울며 날아간다.

満ちくれ·ば : みちく(カ변·만조가 되다)이연·ば(접조), な·み : なし(ク형)어간·み(접미어 원인·이유)

5. 형용사의 음편

형용사의 음편에는 い음편, う음편, ん음편(撥音便)이 있다

① い음편 (き→い) : 연체형에 체언이나 조사가 붙을 때 き(k-i)의 자음 k의 탈락으로 i가 남아 い음편이 일어난 것이다.

よき敵→よい敵

たのしきかな→たのしいかな

② う음편 (く→う) : 형용사의 연용형에 용언이나 조사 て가 붙을 때 ちかくて→ちかうて와 같이 く(k-u)의 자음 k의 탈락으로 u가 남아 う음편이 일어난 것이다. 현재도 관서지방의 방언으로 남아있다.

かなしくて→かなしうて

③ ん음편 (る→ん) : 형용사의 カリ활용의 연체형 かる에 조동사 なり, めり가 붙을 때, ん 음편이 일어나는데 ん은 흔히 표기되지 않는다.

よかるなり→よかんなり·よかなり
たのしかるめり→たのしかんめり·たのしかめり

Q&A 9

고어의 형용사의 종지형은 し, 연체형은 き인데, 현대어에서는 종지형과 연체형이 い로 같아진 이유는 무엇인가요?

☞ 형용사의 연체형은 본래의 연체수식어로서의 용법 이외에, 앞에 계조사 ぞ, なむ, や, か가 오면 문을 종지하는 용법이 있었습니다. 그런데 앞에 계조사가 없는 문장에서도 문말을 연체형으로 맺는 일이 잦아지면서 이후 연체형이 종지형을 대체하여 현대어에 이르렀습니다. 한편, 형용사의 연체형은 よき敵→よい敵, よきかな→よいかな와 같이 い음편이 일어나며, 점차로 일반화되었습니다. 따라서, 연체형, 종지형 모두 어미 い를 취하게 되었습니다.

【연습문제 1】

[1] 다음의 빈칸에 적합한 형용사 활용을 넣으시오.

기본형	미연형	연용형	종지형	연체형	이연형	명령형
	ず, む	①なる ②き		①時 ②べし	ば, ども	
とほ(遠)し	○	①		①		○
		②		②	○	
かな(悲)し	○	①		①		○
		②		②	○	
なし	○	①		①		○
		②		②	○	
ただ(正)し	○	①		①		○
		②		②	○	

【연습문제 1】

[2] ①~② : (　)안의 형용사를 문맥에 맞는 형태로 히라가나로 쓰시오.

③~⑦ : 밑줄 친 형용사의 종류와 활용형을 쓰시오.

① あはれに添(そ)へて、(　をかし　)ことかぎり(　なし　)。(枕草子)

[한국어역] 애처로운 한편으로, 더없이 우스웠다.

② 空(そら)のけしきもいたうくもりて、まだ(　暗(くら)し　)けり。(源氏物語)

[한국어역] 하늘 모양도 매우 흐려서, 아직 어두웠다.

③ その人(ひと)なくは、ただにおけるべし。(大鏡)

[한국어역] 그 사람(적당한 사람)이 없다면 (그 자리는) 공석으로 두어야 한다.

④ 財(たからおほ) 多ければ身(み)を守(まも)るにまどし。(徒然草)

[한국어역] 재물이 많으면 (흔히) 건강을 지키는 것에 소홀히 하기 쉽다.

⑤ 今(いま)より後(のち)、国(くに)の中(なか)にかせぎを狩(か)る事(こと)なかれ。(宇治拾遺物語)

[한국어역] 앞으로 나라 안에서 사슴을 사냥하는 일은 안 된다.

⑥ 若(わか)くて容貌(かたち)よく、なりなど常(つね)によくてあらんは、ましてよからん(む)かし。(枕草子)

[한국어역] 젊고 잘 생기고, 옷차림이 항상 좋다면, 더욱더 좋을 것이다.

⑦ 恋(こひ)しからむ折々(をりをり)、取(と)りいでて見給(みたま)へ。(竹取物語)

[한국어역] (가구야히메가 다케토리옹에게) 그리워지려 할 때마다, (제 편지를) 꺼내 보십시오.

제3장 형용동사

형용동사는 형용사와 마찬가지로 사물의 성질이나 상태를 나타내지만, 고어에서의 활용은 동사 あり에 준하여 동사형 활용을 하였다(静かなり). 형용사이면서 동사형활용을 한다고 하여 형용동사라고 한다. 하지만, 형용동사는 변화하여 현대어에서 종지형은 静かだ이고 연체형은 静かな로서 동사형활용을 하지 않는다. 따라서 형용동사라는 용어에 모순이 생기지만, 일본의 학교문법에서는 고전문법에 준해 현대어에서도 형용동사라고 하고 있다. 단, 일본어 교육에서는 흔히 な형용사 등 명칭을 달리하고 있다.

한편, 형용동사는 현대어에서는 한 종류밖에 없지만, 고전문법에서는 ナリ활용형용동사와 タリ활용형용동사의 두 종류가 있다.

1. 형용동사 활용의 종류

(1) ナリ활용형용동사

형용동사의 기본형은 静かなり와 같이 なり로 끝난다. 어미 なり는 연용형 静かに의 に에 동사 あり가 결합하여 静かに(ni)+あ(a)り → 静かな(na)り와 같이 이루어진 것이다.

기본형	미연형 (ず, む, ば)	연용형 (なる, き)	종지형	연체형 (時, べし)	이연형 (ば, ども)	명령형
しづ(静)か なり	しづかなら	しづかに しづかなり	しづかなり	しづかなる	しづかなれ	しづかなれ

미연형

人と対ひたれば、詞多く、身もくたびれ, 心も静かならず (徒然草)

[한국어역] 사람을 마주 대하니, 말이 많아지고, 몸도 힘들고, 마음도 심란하다.

対ひ·たれ·ば : むかふ(4단)연용·たり(존속)이연·ば(접조), 静かなら·ず : しづかなり(ナリ형동)

미연·ず(부정)종지

さる事やはある。誠ならば不便なりける事かな。(宇治拾遺物語)

[한국어역] 그러한 일이 있었느냐? 사실이라면 딱한 노릇이구나.

誠なら·ば : まことなり(ナリ형동)미연·ば(접조), 不便なり·ける·事 : ふびんなり(ナリ형동)연용·けり(과거)연체·こと(명)

これに、その白からむところ、入れて持て来。汚なげならむところ、搔き捨てて。(枕草子)

[한국어역] 여기에 그 하얀 눈을 넣어 갖고 오너라. 더러운 부분은 버리고.

白から·む : しろし(ク형 カリ활용)·む(완곡)연체, 汚げなら·む : きたなげなり(ナリ형동)미연·む(완곡)연체

いつともなくて下る女房の心地どももあはれならむかし。(栄花物語)

[한국어역] 언제 돌아올 수 있을지도 모르면서 물러나는 궁녀의 심경들도 서글프겠지.

あはれなら·む : あはれなり(ナリ형동)미연·む(추량)종지, かし(종조) : 확인(자신에게)

연용형

秋は夕暮、夕日はなやかにさして、山の端いと近くなりたるに、(枕草子)

[한국어역] 가을은 해질녘이 좋다. 석양은 눈부시게 비추고, (해가) 산등성이에 한층 가까워졌을 때(산등성이 너머로 넘어갈 때),

はなやかに : はなやかなり(ナリ형동)연용, 近く·なり·たる·に : ちかし(ク형)연용·なる(4단)연용·たり(완료)연체·に(접조)

さやうの人の祭見しさま、いとめづらかなりき。(徒然草)

[한국어역] 그런 사람이 마쓰리를 보던 모습은 아주 색달랐다.

見·し·さま : みる(상1단)연용·き(과거)연체·さま(명), めづらかなり·き : めづらかなり(ナリ형동)연용·き(과거)종지 *さやうの(그와 같은) : ナリ형용동사의 어간(명사로도 봄)+の(격조사)로

서 연체수식용법이 된다.

종지형

高き官位を望むも次に愚かなり。(徒然草)

[한국어역] 높은 관직을 바라는 것도 (명리를 쫓는 것)다음으로 어리석다.

愚かなり : おろかなり(ナリ형동)종지

연체형

大きなる 柑子の木の枝もたわわになりたるが (徒然草)

[한국어역] 큰 감귤나무의 가지도 휘늘어져 있는데,

大きなる : おほきなり(ナリ형동)연체, たわわに : たわわなり(ナリ형동)연용

雨いみじう降るをりに来たる人なむ、あはれなる。(枕草子)

[한국어역] 비가 심하게 내리는 때(밤)에 찾아오는 사람은 감동적이다.

いみじう : いみじ(シク형 ウ음편), あはれなる(ナリ형동)연체(계조 なむ～연체호응)

이연형

屋大きなれども、人のありげもなし。(宇治拾遺物語)

[한국어역] 집은 크지만, 인기척도 없다.

大きなれ·ども : おほきなり(ナリ형동)이연·ども(접조)

木刀を帯しける用意のほどこそ神妙なれ。(平家物語)

[한국어역] (다다모리 공이) 목도를 몸에 지닐 준비를 하다니, (그 용의주도함이) 감탄스럽다.

神妙なれ : しんべうなり(ナリ형동)이연(계조 こそ~이연호응)

명령형

명령형의 예는 보이지 않는다.

Q&A 10

i. 형용동사의 고어의 종지형은 静かなり인데 현대어는 静かだ로 변화한 이유는 무엇인가요?

☞ 형용동사의 어미 なり는 단정을 나타내는 조동사 なり와 같은 형태입니다 (구분은 아래의 Q&A 11 참조). 단정을 나타내는 조동사 なり가 쇠퇴하고 だ가 단정의 조동사로 사용되는데 그에 준해서 ナリ형용동사의 어미 なり도 だ로 바뀌게 됩니다.

ii. 형용동사의 고어의 연체형은 静かなる인데 현대어는 静かな로 변화한 이유는 무엇인가요?

☞ 고어의 연체형 静かなる에 조동사 なり, めり가 접속할 때에, 静かなるめり의 る에 ん음편이 일어나는데 ん은 흔히 표기되지 않았습니다(しづかなめり). 이런 현상은 체언을 수식할 때도 일어나 현대어에서는 연체형이 しずかな로 고착되었습니다.

Q&A 11

형용동사의 어미 なり와 단정의 조동사 なり를 구분할 수 있나요?

☞ 형용동사의 어미는 명사에 붙는 단정의 조동사와 혼동하기 쉽습니다. 형용동사의 어미와 단정의 조동사의 구분은 なり 대신에 조사를 붙여서 구별합니다. 형용동사의 어간에는 조사가 붙지 못하지만, 명사에는 조사가 붙습니다.

형용동사의 어미 : 静かなり。(조용하다) 静か+が (×)

명사+단정의 조동사 : よきことなり。(좋은 일이다) こと+が (○)

현대어의 형용동사 활용표

기본형	미연형 (う)	연용형 (なる, た)	종지형	연체형 (時)	가정형 (ば)	명령형
しず(静)かだ	しずかだろ	しずかに しずかだっ しずかで	しずかだ	しずかな	しずかなら	○

(2) タリ활용형용동사

タリ활용형용동사는 어간이 장중한 느낌의 한자어인 경우가 대부분이다. 미연형, 이연형, 명령형은 실제 문장에서는 사용된 예가 거의 없다. だうだう(堂々)たり의 たり는 연용형 堂々と의 と에 あり가 결합하여 (堂々)と(to)+あ(a)り→(堂々)た(ta)り로 이루어진 것이다. 현대어에는 고어의 タリ활용형용동사에 해당하는 것은 없다. 堂々たる, 堂々とは 현대어에도 남아 있으나 활용하지 않으며 堂々たる는 연체사, 堂々とは 부사로 취급한다.

기본형	미연형 (ず, む, ば)	연용형 (なる, き)	종지형	연체형 (時, べし)	이연형 (ば, ども)	명령형
だうだう (堂々)たり	だうだうたら	だうだうと だうだうたり	だうだうたり	だうだうたる	だうだうたれ	だうだうたれ

연용형

北には青山峨々として松吹く風索々たり。(平家物語)

[한국어역] 북쪽에는 청산이 우뚝 솟아있고, 소나무(사이로) 바람이 쌩쌩 불었다.

峨々と·して : ががたり(タリ형동)연용·して(접조), 索々たり : さくさくたり(タリ형동)종지

종지형

南には蒼海漫々として、岸打つ波も茫々たり。(平家物語)

[한국어역] 남쪽에는 푸른 바다가 망망하게 펼쳐져 있고, 해안을 때리는 파도도 철썩철썩 소리를 낸다.

漫々と·して : まんまんたり(タリ형동)연용·して(접조), 茫々たり : ばうばうたり(タリ형동)종지

연체형

昼は漫々たる波路を分けて袖をぬらし、(平家物語)

[한국어역] 낮에는 망망한 뱃길을 달리며 눈물짓고.

漫々たる : まんまんたり(タリ형동)연체 ⋆袖をぬらす : 눈물을 흘리다.(관용구)

2. 형용동사 어간의 용법

형용동사는 형용사와 같이 어간이 단독으로 사용되는 경우가 있다.

①「あな、～」의 형태로 감동, 놀람의 표현이 된다.

あな、めづらか。いかなる御心(みこころ)ならむ。(蜻蛉日記)

[한국어역] 아니, 어찌 이런 일이, 무슨 생각이실까?

②「~の+체언+や(かな)」의 형태로 감동표현이 된다.

稀有(けう)の人かな。(宇治拾遺物語)

[한국어역] 희한한 사람이로구나

愚(おろ)かの仰(おほ)せ候(さうら)ふや。(謠曲)

[한국어역] 어리석은 말씀을 하십니다.

③ 접미어「さ」를 뒤에 붙여서 명사화한다.

静(しづ)かさ

[한국어역] 조용함

3. 형용동사의 음편

형용동사의 음편에는 ん음편(발음편)이 있다. ナリ활용형용동사의 연체형 (静か)なる의 뒤에 조동사 なり, めり가 붙을 때 ん음편이 일어난다. 이때 ん은 발음하였으나 무표기되는 경우들이 있었다.

愚かなるめり → 愚かなんめり → 愚かなめり
静かなるなり → 静かなんなり → 静かななり

【연습문제 1】

[1] 다음의 빈칸에 적합한 형용동사 활용을 넣으시오.

<table>
<tr><th rowspan="2">기본형</th><th>미연형</th><th>연용형</th><th rowspan="2">종지형</th><th>연체형</th><th>이연형</th><th rowspan="2">명령형</th></tr>
<tr><th>ず, む</th><th>① なる ② き</th><th>時, べし</th><th>ば, ども</th></tr>
<tr><td rowspan="2">はる(遥)かなり</td><td rowspan="2"></td><td>①</td><td rowspan="2"></td><td rowspan="2"></td><td rowspan="2"></td><td rowspan="2"></td></tr>
<tr><td>②</td></tr>
<tr><td rowspan="2">まんまん
(漫々)たり</td><td rowspan="2"></td><td>①</td><td rowspan="2"></td><td rowspan="2"></td><td rowspan="2"></td><td rowspan="2"></td></tr>
<tr><td>②</td></tr>
<tr><td rowspan="2">あはれなり</td><td rowspan="2"></td><td>①</td><td rowspan="2"></td><td rowspan="2"></td><td rowspan="2"></td><td rowspan="2"></td></tr>
<tr><td>②</td></tr>
</table>

【연습문제 1】

[2] ①~② : (　)안의 형용동사를 문맥에 맞는 형태로 히라가나로 쓰시오.

③~⑥ : 밑줄 친 형용동사의 종류와 활용형을 쓰시오.

① 御船(　すみやかなり　)漕がしめたまへ。(土佐日記)

[한국어역] 배를 빨리 모십시오.

② (　はるかなり　)苔の細道を踏みわけて、(徒然草)

[한국어역] 아득한 이끼 낀 오솔길을 밟으며

③ 家の人の出で入り、<u>にくげなら</u>ず。(土佐日記)

[한국어역] 집에 사람들이 드나드는 것이 밉지가 않다.

④ 申すもなかなか<u>おろかなり</u>。(平家物語)

[한국어역] 말씀드리기도 참 바보 같다.

⑤ 日は<u>うららかなれ</u>ど、空は緑に霞わたれるほどに、(枕草子)

[한국어역] 날은 화창한데, 하늘은 초록빛 안개가 끼어있을 때,

⑥ 浪、西日をしづめて、紅にして<u>陰淪たり</u>。(平家物語)

[한국어역] 파도가 석양을 삼키고 붉게 물든 채 출렁거렸다.

제4장 조동사

1. 조동사란 무엇인가?

조동사란 활용을 하지만 독립해서 쓸 수가 없다. 언제나 다른 말(동사, 형용사 등 용언, 체언)에 붙어서 그 말에 다양한 의미를 부여하고 서술을 도와주는 역할을 한다. 고어에서는 조동사의 종류도 많으며 각 조동사들이 지니는 의미도 다양하다.

2. 조동사의 분류

조동사의 분류를 위해서는 의미, 접속, 활용의 세 가지 관점에서 생각해 볼 필요가 있다.

- 조동사가 갖는 의미가 무엇인가.
- 조동사가 어떤 형태의 단어에 접속하는가. 조동사는 동사, 형용사, 형용동사, 다른 조동사 또는 체언, 조사에도 붙는다. 용언에 붙는 경우는 어떤 활용형에 붙는가가 문제가 된다.
- 조동사는 활용하는데 그 조동사가 어떤 활용 형태를 취하는가. (예를 들어 형용사형활용, 4단동사형활용, ラ행변격동사형활용 등)

고어의 조동사의 종류는 매우 다양하며 미묘한 의미의 차이를 나타내고 있다. 고어 이해를 위한 조동사를 습득하기 위해서는 그 조동사가 어떤 의미를 지니는지에 대한 파악이 필요하므로 본 교재의 구성에서는 의미에 의한 분류를 기준으로 한다.

(1) 조동사의 의미에 의한 분류

본서에서 조동사의 의미에 의한 분류는 단정, 부정, 과거, 완료, 추량, 전문·추정, 부정추량, 희망, 비유, 자발·수동·가능·존경, 사역·존경의 11가지로 나누기로 한다.

조동사의 의미	조동사의 종류
단정	なり·たり
부정	ず
과거	き·けり
완료	つ·ぬ, たり·り
추량	む·むず, けむ, らむ, べし·べらなり, まし, らし, めり
전문, 추정	なり
부정추량	じ·まじ
희망	まほし·たし
비유	ごとし
자발, 수동, 가능, 존경	る·らる
사역, 존경	す·さす·しむ

(2) 조동사가 접속하는 활용형(앞의 단어의 형태)에 의한 분류

조동사는 활용어에 접속할 때는 미연형, 연용형, 종지형, 연체형, 명령형의 5개의 활용형에 접속한다. 명령형에 접속하는 경우는 4단동사의 명령형에 조동사 り가 접속하는 경우에 한한다. 또한 체언과 조사에도 접속한다.

조동사가 붙는 앞 단어의 형태	조동사의 종류
미연형	る·らる, す·さす·しむ, ず, じ, む·むず, まし, まほし
연용형	き, けり, つ, ぬ, たり(완료), けむ, たし
종지형	らむ, らし, めり, べし, まじ, なり(전문), べらなり
연체형	なり(단정), ごとし
명령형(4단동사)	り
체언, 조사	たり(단정), なり(단정), ごとし

* 종지형에 붙는 경우, ラ변동사(あり)와 あり의 활용에 준하는 것은 연체형(ある)에 붙는다.

(3) 조동사의 활용 형태에 의한 분류

조동사가 활용할 때는 동사형, 형용사형, 형용동사형 등 여러 가지 활용 형태를 취한다. 또 이러한 정격화된 활용이 아니고 불규칙하게 활용하는 것과 활용하지 않는 것이 있는데 이를 특수형 활용으로 취급한다.

활용 형태		조동사의 종류
동사형활용	4단동사형	む, けむ, らむ
	하2단동사형	る·らる, す·さす·しむ, つ
	サ행변격동사형	むず
	ナ행변격동사형	ぬ
	ラ행변격동사형	けり, たり(완료), り, めり, なり(전문)
형용사형활용	ク활용형용사형	べし, たし, ごとし
	シク활용형용사형	まじ, まほし
형용동사형활용	ナリ활용형용동사형	なり(단정), べらなり
	タリ활용형용동사형	たり(단정)
특수형활용		き, ず, まし
	무변화형	らし, じ

3. 조동사 각설

(1) 단정(断定)

なり·たり

현대어에서 단정을 나타내는 것은 ~だ, ~である이지만, 고어에서는 なり와 たり가 사용된다. なり는 가나(仮名)로 쓰인 문체에 주로 쓰이고, たり는 한문조의 강한 문장에 쓰여 확고한 느낌을 준다.

なり

단정을 나타내는 なり는 체언과 용언의 연체형에 붙으며, ラ변활용을 한다. なり는 に(ni)+あ(a)り의 결합에서 생긴 것이다. 또한 なり의 연용형은 に인데, には あり 앞에 올 때에 흔히 계조사 は, も 등을 개입시켜 사용된다. (~にもあらず, ~にはあらず<~ではない>)

기본형	미연형	연용형	종지형	연체형	이연형	명령형
なり	なら	に なり	なり	なる	なれ	(なれ)

① 단정을 나타낸다.

확실한 판단을 나타낸다. (~だ, ~である)

おのが身(み)は、この国(くに)の人(ひと)にもあらず。月(つき)の都(みやこ)の人(ひと)なり。(竹取物語)

[한국어역] 내 몸은 이 나라 사람이 아니다. 달나라 도읍의 사람이다.

人·に·も·あら·ず : ひと(명사)·なり(단정)연용·も(계조)·あり(ラ변, 보조 동사)미연·ず(부정)종지, 人·なり : ひと(명)·なり(단정)종지

父(ちち)はなほ人(びと)にて、母(はは)なむ藤原(ふぢはら)なりける。(伊勢物語)

[한국어역] (여자의) 아버지는 평범한 사람이고, 어머니는 후지와라 가문이었다.

なほ人·に·て : なほびと(명)·なり(단정)연용·て(접조), 藤原·なり·ける : ふぢはら(명)·なり(단정)연용·けり(과거)연체(계조 なむ~연체호응)

「わが姪(めい)なる女(をんな)一人(ひとり)あり。(大鏡)

[한국어역] 내 조카 되는 여자애가 한 명 있다.

姪·なる : めい(명)·なり(단정)연체

常(つね)にきくことなれば、耳馴(みみな)れて、(枕草子)

[한국어역] 늘 듣는 설법이므로, 귀에 익숙해서

こと·なれ·ば : こと(명)·なり(단정)이연·ば(접조)

② 존재를 나타낸다.

장소를 나타내는 체언에 붙어서 '~에 존재한다'는 뜻을 나타낸다(~にある). 장소를 나타내는 격조사 に에 '있다'는 뜻의 동사 あり가 결합되어 なり가 되었다. 연체형 なる의 형태로 존재의 의미 '~에 있는'을 나타낸다.

沖(おき)なる船(ふね)に目(め)をかけ、海(うみ)へざつとうち入(い)り、(平家物語)

[한국어역] 바다 한가운데에 있는 배를 목표로 해서, (말을 타고) 바다에 첨벙 뛰어들어

沖·なる : おき(명)·なり(존재)연체

壺(つぼ)なる御薬(おほんくすり)奉(たてまつ)れ。(竹取物語)

[한국어역] 항아리에 든 약을 드십시오.

壺·なる : つぼ(명)·なり(존재)연체, 奉れ : たてまつる(4단 '먹다, 마시다'의 존경어)명령

たり

체언에 붙으며 タリ활용형용동사형의 활용을 한다. たり는 と+あり의 결합에서 온 것이다.

기본형	미연형	연용형	종지형	연체형	이연형	명령형
たり	たら	と / たり	たり	たる	たれ	たれ

① 단정을 나타낸다.

확고하고 강한 단정을 나타낸다. (~というものである)

平家(へいけ)の家人(けにん)たりし者(もの)もあり。(平家物語)

[한국어역] 헤이케 가문의 시종이었던 자도 있다.

家人·たり·し：けにん(명)·たり(단정)연용·き(과거)연체

宗(むね)とあると見(み)ゆる鬼(おに)横座(よこざ)にゐたり。(宇治拾遺物語)

[한국어역] 우두머리로 보이는 도깨비가 상석에 앉아 있다.

宗と：むね(명)·たり(단정)연용, ゐたり：ゐる(상1단)연용·たり(완료)종지

五日(いつか)の暁(あかつき)に兄人(せうと)たる人外(ひとそと)より来(き)たりて。(蜻蛉日記)

[한국어역] 5일 새벽에 형제 되는 사람이 밖에서 와서

兄人·たる：せうと(명)·たり(단정)연체, 来たり·て：きたる(4단)연용·て(접조)

[연습문제 1]

[1] 다음 문에서 밑줄 친 조동사의 의미와 활용형을 쓰시오.

① 皮衣(かはぎぬ)を見れば、金青(こんじやう)の色(いろ)なり。(竹取物語)

[한국어역] 가죽옷을 보니 감청색이다.

② これや我(わ)が求(もと)むる山(やま)ならむと思(おも)ひて、(竹取物語)

[한국어역] 이것이 내가 원하던 산이리라 여기고,

③ 昨日(きのふ)のやうなれば、船出(ふねい)ださず。(土佐日記)

[한국어역] (날씨가) 어제와 같은 상태여서 배를 내지 않는다.

④ また、姫君(ひめぎみ)なる四人(よたり)おはす。(大鏡)

[한국어역] 또 아가씨 되는 분이 네 분 계신다.

⑤ 悪(あ)しき方(かた)の風(かぜ)にはあらず。(竹取物語)

[한국어역] 나쁜 방향의 바람은 아니다.

⑥ 駿河(するが)なる宇津(うつ)の山べ (伊勢物語)

[한국어역] 스루가에 있는 우쓰 산 언저리

⑦ 清盛(きよもり)、嫡男(ちゃくなん)たるによってその跡(あと)を継(つ)ぐ。(平家物語)

[한국어역] 기요모리, 적자임에 의해 그 뒤를 잇다.

⑧ もとは兵衛尉(ひゃうゑのじょう)たりしが、右衛門尉(うゑもんのじょう)になりぬ。(平家物語)

[한국어역] (시게사다는) 이전에는 효에노조였던 것이 (포상을 받아) 우에몬노조가 되었다.

(2) 부정(否定)

ず

현대어에서 부정을 나타내는 것은 ない이나 고어에서는 ず로 나타낸다. ず는 용언의 미연형에 붙으며 특수형 활용을 하는데, 3가지의 활용을 보인다.

- 연용형, 종지형은 ず의 형태로서 특수형활용을 한다.
- 연체형은 ぬ, 이연형은 ね로서 ナ변동사에 준하는 활용을 한다. 상대 시대에는 미연형 な와 연용형 に의 형태도 쓰였다.
- ず와 あり의 결합으로 이루어진 ざり로서 ラ변동사형활용을 한다. 이는 부정의 표현을 다양하게 하기 위해서 조동사와 결합할 때에 쓰인다.

기본형	미연형	연용형	종지형	연체형	이연형	명령형
ず	(な)	(に)	ず	ぬ	ね	ざれ
		ず				
	ざら	ざり		ざる	ざれ	

① 부정 : 동작이나 상태 등을 부정할 때에 쓴다. (~ない)

京(きやう)には見(み)えぬ鳥(とり)なれば、みな人見知(ひとみし)らず。(伊勢物語)

[한국어역] 교토에서는 볼 수 없던 새이므로, 아무도 알지 못한다.

見え·ぬ : みゆ(하2단)미연·ず(부정)연체, 見知ら·ず : みしる(4단)미연·ず(부정)종지

五日(いつか)。風波(かぜなみ)やまねば、なほ同(おな)じところにあり。(土佐日記)

[한국어역] 초닷새. 풍랑이 그치지 않아서, 여전히 같은 곳에 있다.

やま·ね·ば : やむ(4단)미연·ず(부정)이연·ば(접조)

風激(かぜはげ)しく吹(ふ)きて、静(しづ)かならざりし夜(よる)。(方丈記)

[한국어역] 바람이 거세게 불어서 조용하지 않았던 밤

静かなら·ざり·し : しづかなり(ナリ형동)미연·ず(부정)연용·き(과거)연체

改(あらた)まらざるものは心なり。(枕草子)

[한국어역] 되잡을 수 없는 것은 사람 마음이다.

改まら·ざる : あらたまる(4단)미연·ず(부정)연체, 心·なり : こころ(명사)·なり(단정)종지

魚(いを)は水(みづ)に飽(あ)かず。魚にあらざれば、その心(こころ)を知(し)らず。(方丈記)

[한국어역] 물고기는 물에 질리지 않는다. 물고기가 아니어서, 그 마음을 모른다.

飽か·ず : あく(4단)미연·ず(부정)종지, 魚·にあら·ざれ·ば : いを(명사)·なり(단정)연용·あり(ラ변)미연·ず(부정)이연·ば(접조), 知ら·ず : しる(4단)미연·ず(부정)종지

[연습문제 2]

[1] 다음 문에서 밑줄 친 조동사의 의미와 활용형을 쓰시오.

① 親(おや)をはじめて、何事(なにごと)も知らず。(竹取物語)

[한국어역] 부모를 비롯해, 아무것도 모른다.

② 朝寝(あさね)などもせず、かたがた見つつ、(更科日記)

[한국어역] 늦잠도 자지 않고, 이리저리 보면서,

③ 知(し)らぬ人と同じやうにて過(す)ぐる人あり。(徒然草)

[한국어역] 모르는 사람처럼 지내는 사람이 있다.

④ 鼻(はな)ひたる時(とき)、かくまじなはねば、死(し)ぬるなり。(徒然草)

[한국어역] 재채기할 때 이렇게 하지 않으면 죽는다.

⑤ いかでかはうれしからざらむ。(枕草子)

[한국어역] 어찌 기쁘지 않겠는가.

⑥ 大事(だいじ)にもあらざりける事(こと)により、かく人を呼(よ)び出(い)でて、(宇治拾遺物語)

[한국어역] 중요하지도 않은 일로, 이렇게 사람을 불러내서,

(3) 과거(過去)

き·けり

현대어에서는 과거를 나타낼 때 た를 쓰지만 고어에서는 き·けり를 쓴다.

き·けり는 활용어의 연용형에 붙는다. き는 특수형활용, けり는 ラ변활용을 한다.

기본형	미연형	연용형	종지형	연체형	이연형	명령형
き	(せ)	○	き	し	しか	○
けり	(けら)	○	けり	ける	けれ	○

き

① 과거를 나타낸다. (~た)

자기가 직접 경험한 일이나 확실한 과거의 사실을 나타낸다.

池(いけ)めいて窪(くぼ)まり、水(みづ)つけるところあり。ほとりに松(まつ)もありき。(土佐日記)

[한국어역] 연못처럼 움푹 파이고, 물이 고인 곳이 있다. 주변에 소나무도 있었다.

ありき : あり(ラ변)연용·き(과거)종지 ⋆ ～めく(접미어)~처럼 보이다

わが生(お)ひいでし国(くに)にては西(にし)おもてに見(み)えし山(やま)なり。(更科日記)

[한국어역] (후지산은) 내가 태어나 자란 고장에서는 서쪽으로 보이던 산이다.

生ひいで·し : おひいづ(하2단)연용·き(과거)연체, 見え·し : みゆ(하2단)연용·き(과거)연체

来(き)し方行(かたゆ)く末(すゑ)も知(し)らず、海(うみ)にまぎれむとしき。(竹取物語)

[한국어역] 어디에서 왔는지 어디로 갈지도 모르고, 바다에서 행방불명이 될 뻔했다.

来·し : く(カ변)연용·き(과거)연체, し·き : す(サ변)연용·き(과거)종지

この所(ところ)に住(す)みはじめしときは、あからさまと思(おも)ひしかども、今(いま)すでに五年(いつとせ)を経(へ)たり。(方丈記)

[한국어역] 이곳에 살기 시작했을 때는, 잠시라고 생각했지만, 이제 이미 5년이 지났다.

住みはじめ·し : すみはじむ(하2단)연용·き(과거)연체, 思ひ·しか·ども : おもふ(4단)연용·き(과거)이연·ども(접조), 経·たり : ふ(하2단)연용·たり(완료)종지

※ 참조

① き의 미연형 (せ)는 (せば)의 형태로 쓰인 예가 있을 뿐이다. せば는 한 단어로 취급되기도 한다.

世(よ)の中(なか)にたえて桜(さくら)のなかりせば、(古今和歌集)

[한국어역] 세상에 전혀 벚꽃이 없었다면,

② き는 동사의 연용형에 접속하나 カ변동사와 サ변동사에 접속할 때는 제한을 받는다.

ⓐ カ변동사의 연용형 き에는 종지형 き는 안 붙는다. きき와 같은 동일음의 반복을 피하는 것이다. 또한, 연체형과 이연형의 경우는 こし, こしか가 주로 쓰였지만, きし, きしか의 예도 보인다.

ⓑ サ변동사의 연용형 し에는 조동사 き의 연체형 し와 이연형 しか는 접속하지 않는다. 이는 しし, ししか와 같은 동일음의 반복을 피하는 것이다.

	き(조동사)의 종지형	き의 연체형·이연형
来(カ변)+き(조동사)	来(き)+き(×)	来(き)+し·しか(○) 来(こ)+し·しか(○)
す(サ변)+き(조동사)	し+き(○)	し+し·しか(×) せ+し·しか(○)

けり

① 과거를 나타낸다. (~たそうだ, ~たとさ)

けりは 다른 사람에게 들어서 간접적으로 경험한 과거의 사실이거나, 확실치 않은 과거의 회상을 나타낸다. けりは '오다'의 뜻의 동사 来(く)의 연용형 き+ありの 결합으로 이루어졌다고 본다.

今(いま)は昔(むかし)竹取(たけとり)の翁(おきな)といふ者(もの)ありけり。(竹取物語)

[한국어역] 옛날에 다케토리 옹(대나무 캐는 노인)이라는 사람이 있었다.

ありㆍけり : あり(ラ변)연용ㆍけり(과거)종지

安楽(あんらく)といひける僧(そう)、経文(きゃうもん)を集(あつ)めて作(つく)りて、勤(つと)めにしけり。(徒然草)

[한국어역] 안락이라는 스님은 경문을 모아서 만들어 정진하였다.

いひㆍける : いふ(4단)연용ㆍけり(과거)연체, しㆍけり : し(サ변)연용ㆍけり(과거)종지

② 감탄을 나타낸다. (~だなあ)

어떤 일에 대해 놀라거나 감동의 기분을 나타낸다. 와카(和歌)에서 흔히 쓰이고 있다.

見(み)わたせば花(はな)ももみぢもなかりけり (新古今和歌集)

[한국어역] 둘러보니 꽃도 단풍도 없구나.

なかりㆍけり : なし(ク형ㆍカリ활용)연용ㆍけり(감탄)종지, 見わたせㆍば : 見わたす(4단)이연ㆍば(접조)

滝(たき)の音(おと)は絶(た)えて久(ひさ)しくなりぬれど名(な)こそ流(なが)れてなほ聞(き)こえけれ (百人一首)

[한국어역] 폭포의 물 떨어지는 소리는 끊긴 지 오래되었어도, 명성만은 퍼져서 지금도 들려오는구나.

久しく : 久し(シク형)연용, なりㆍぬれㆍど : なる(4단)ㆍぬ(완료)이연ㆍど(접조), 聞こえㆍけれ : きこゆ(하2단)연용ㆍけり(감탄)이연(계조 こそ～이연호응)

[연습문제 3]

1. 다음 문에서 밑줄 친 조동사의 의미와 활용형을 쓰시오.

① にはかに都遷(みやこうつ)り侍(はべ)りき。いと思(おも)ひの外(ほか)なりし事(こと)なり。(方丈記)

[한국어역] 갑자기 도읍지를 옮기셨다. 매우 의외였던 일이다.

② 心(こころ)なき身(み)にもあはれは知(し)られけり (新古今和歌集)

[한국어역] (정취를 느낄) 마음이 없는 (출가한) 몸에도 정취는 절로 알게 되는구나.

③ 昔(むかし)ありし家は稀(まれ)なり (方丈記)

[한국어역] 예전에 있었던 집은 드물다.

④ ほかざまへいきければ、荒(あ)れも戦(たたか)はで、(竹取物語)

[한국어역] (화살이) 다른 쪽으로 가버리니, 심하게 싸우지도 못하고,

⑤ よろづの遊(あそ)びをぞしける。(竹取物語)

[한국어역] 갖은 연주와 춤으로 흥을 돋웠다.

⑥ 京(きゃう)よりくだりしときに、みな人子(ひとこ)どもなかりき。(土佐日記)

[한국어역] 교토로부터 내려왔을 때, 모두 아이들이 없었다.

(4) 완료(完了)

つ·ぬ

つ와 ぬ는 동작이나 작용이 실현되어 완료된 것을 의미한다. つ와 ぬ는 의미는 같으나 사용에 차이가 있다. つ는 타동사에 붙어 작위적이고 인위적인 동작, 작용의 완료를 나타내는 경우가 많다. ぬ는 자동사에 붙어 자연추이적이고 무의지적인 동작, 작용의 완료를 나타내는 경우가 많다.

つ·ぬ는 활용어의 연용형에 붙는다. つ는 하2단활용을 하며, つ의 연용형 て는 접속조사로서 현재까지 쓰이고 있다. ぬ는 ナ행변격활용을 한다.

기본형	미연형	연용형	종지형	연체형	이연형	명령형
つ	て	て	つ	つる	つれ	てよ
ぬ	な	に	ぬ	ぬる	ぬれ	ね

つ

① 동작, 작용에 대해서 그것을 완전히 완료한 것을 나타낸다. (~た, ~てしまう)

桜(さくら)かざしてけふも暮(く)らしつ (新古今和歌集)

[한국어역] 벚꽃을 머리에 꽂고 오늘 하루도 보냈다.

暮らし·つ : くらす(4단)연용·つ(완료)종지

供(とも)に走(はし)りつる人、ともに興(きょう)じ笑(わら)ふ。(枕草子)

[한국어역] 같이 뛰어온 사람도, 같이 흥에 겨워 웃었다.

走り·つる : はしる(4단)연용·つ(완료)연체

② 동작이나 작용이 확실히 그렇다고 확인하거나 강조하는 뜻으로 쓰인다(きっと~, 確かに~). つ는 그 자체에 강조의 의미는 없고, 추량의 조동사 べし·む·まし등과 결합하여 쓰일 때 비로소 확인, 강조의 뜻이 된다(つべし·てむ·てまし).

わが弓の力は、龍あらば、ふと射殺して、頸の玉は取りてむ。(竹取物語)

[한국어역] 내 화살 실력은, 용이 있으면, 휙 쏘아 죽이고, 목의 구슬은 취하고 말 것이다.

あら·ば : あり(ラ변)미연·ば(접조), 取り·てむ : とる(4단)연용·てむ(강조) <つ(완료)미연·む(추량)종지>

妻子のためには恥をも忘れ、盗みもしつべきことなり。(徒然草)

[한국어역] 처자를 위해서는 창피도 잊고 도둑질도 할 수밖에 없는 것이다.

し·つべき : す(サ변)연용·つべし(강조) <つ(완료)종지·べし(추량)연체>

③ 나열의 용법

つ는 중복해서 쓰일 때에는 동작의 나열의 의미가 된다. (~たり~たり)

僧都船に乗ってはおりつ、おりては乗っつ、あらまし事をぞし給ひける。(平家物語)

[한국어역] 승려(슌칸)은 배를 타고는 내리고, 내리고는 타고, (함께 데려가 주었으면 하는) 간절한 바람의 동작을 하셨다.

おり·つ : おる(상2단)연용·つ(나열)종지, し·給ひ·ける : す(サ변)연용·たまふ(4단, 존경보조)연용·けり(과거)연체(계조 ぞ~연체호응) *あらましごと : (이러했으면 하는)바람, 기대 *僧都 : 조정에서 임명된 승려의 관직

ぬ

① 동작, 작용에 대해서 그것이 완전히 완료된 것을 나타낸다. (~た, ~てしまう)

今はむさしのくにになりぬ。(更科日記)

[한국어역] 지금은 무사시 지방(현재의 도쿄를 중심으로 한 관동지방)이 되었다.

なり·ぬ : なる(4단)연용·ぬ(완료)종지

翁、竹を取る事久しくなりぬ。いきほひ猛の者に成りにけり。(竹取物語)

[한국어역] 노인이 (황금이 든) 대나무를 캐는 일이 한동안 되었다. 부호가 된 것이다.

久しく : ひさし(シク형)연용, なり·ぬ : なる(4단)연용·ぬ(완료)종지, 成り·に·けり : なる(4단)

연용·ぬ(완료)연용·けり(과거)종지

いみじく短き夜の明けぬるに、つゆ寝ずなりぬ。(枕草子)

[한국어역] 참으로 짧은 (여름)밤이 밝았는데, 조금도 못 잤다.

明け·ぬる : あく(하2단)연용·ぬ(완료)연체, 寝·ず : ぬ(하2단)미연·ず(부정)연용, なり·ぬ : なる(4단)연용·ぬ(완료)종지 ⋆つゆ~ず : 전연~하지 않다.

② 동작이나 작용이 확실히 그렇다고 확인하거나 강조하는 뜻으로 쓰인다(きっと~, 確かに~). ぬ는 추량의 조동사와 결합하여 쓰일 때에 비로소 확인, 강조의 뜻이 된다(ぬべし·なむ·なまし).

黒き雲、にはかに出できぬ。風吹きぬべし。(土佐日記)

[한국어역] 검은 구름이 갑자기 나타났다. 바람이 불 것이다.

出でき·ぬ : いでく(カ변)연용·ぬ(완료)종지, 吹き·ぬべし : ふく(4단)연용·ぬべし(강조) <ぬ(완료)종지·べし(추량)종지>

おのづからまたいひに来なむ。(枕草子)

[한국어역] 스스로 또 (틀림없이) 말하러 올 것이다.

来·なむ : く(カ변)연용·なむ(강조) <ぬ(완료)미연·む(추량)종지>

③ 나열의 용법

ぬ는 중복해서 쓰일 때에는 동작의 나열의 의미가 된다. (~たり~たり)

白波の上に漂ひ、浮きぬ沈みぬ揺られければ…… (平家物語)

[한국어역] (부채가) 흰 파도 위에 떠다니며 떴다 가라앉았다 하며 흔들리고 있었으므로.

浮き·ぬ : うく(4단)연용·ぬ(나열)종지, 沈み·ぬ : しづむ(4단)연용·ぬ(나열)종지, 揺ら·れ·けれ·ば : ゆる(4단)미연·る(수동)연용·けり(과거)이연·ば(접조)

[연습문제 4]

1. 다음 문에서 밑줄 친 조동사의 의미와 활용형을 쓰시오.

① はかなく明け方になりにけり。(源氏物語)

[한국어역] 어느새 새벽녘이 되었다.

② 衣着つる人は心ことになるなり。(竹取物語)

[한국어역] (달나라) 옷을 입은 사람은 마음이 변하게 되는 것이다.

③ 潮満ちぬ。風も吹きぬべし。(土佐日記)

[한국어역] 조수가 밀려왔다. 바람도 불 것이다.

④ 女思ひたれば、出であひなむず。(落窪物語)

[한국어역] 여인이 생각하니, 나가서 만나야 되겠다.

⑤ 汝がいふ所、まことに愚かなり。すみやかに走り帰りね。(宇治拾遺物語)

[한국어역] 네가 말하는 것은 실로 어리석다. 빨리 돌아가거라.

⑥ 今はわが娘、もの習ひつべきほどになりにたり。(うつほ物語)

[한국어역] 지금은 내 딸이 공부해야 할 때가 되었다.

⑦ 緑衫なりとも、雪にだに濡れなば、憎かるまじ。(枕草子)

[한국어역] 녹색 관복조차도 눈에라도 젖으면 보기 싫지가 않다.

⑧ しひてかういふことを聞きてよかし。(落窪物語)

[한국어역] 억지로라도 이런 얘기를 듣거라.

たり·り

たり·り는 동작, 작용 상태가 계속 존속한다는 뜻으로 쓰인다. 또한, 동작 작용이 이미 끝나 있다는 완료의 의미로도 쓰인다. たり·り는 의미가 같으나 일반적으로는 たり가 주로 쓰였다. り는 사용범위가 좁으나, 존경어 たまふ의 경우는 たまへり와 같이 거의 り가 쓰였다. たり는 접속조사 て+あり의 결합으로 된 것이라 보며, り는 기원적으로는 咲(さ)き+あり→さけ·り의 과정을 밟아 り가 성립되었다고 본다.

たり는 동사의 연용형에 붙는데, り는 특이하게 4단동사의 명령형과 サ변동사의 미연형에만 붙는다. たり·り는 모두 ラ행변격활용을 한다.

기본형	미연형	연용형	종지형	연체형	이연형	명령형
たり	たら	たり	たり	たる	たれ	たれ
り	ら	り	り	る	れ	れ

たり

① 존속

어떠한 동작 작용이 지속되고 있거나, 동작 작용이 이미 이루어졌지만, 그 결과가 지속되고 있다는 것을 의미한다. (~ている, ~てある)

その沢(さは)にかきつばたいとおもしろく咲(さ)きたり。(伊勢物語)

[한국어역] 그 골짜기에 제비붓꽃이 참으로 곱게 피어 있다.

おもしろく : おもしろし(ク형)연용, 咲き·たり : さく(4단)연용·たり(존속)종지

深(ふか)き水(みづ)は涼(すず)しげなし。浅(あさ)くて流(なが)れたる遙(はる)かに涼(すず)し。(徒然草)

[한국어역] 수심이 깊은 물은 차지가 않다. 얕고 흐르는 물이 훨씬 시원하다.

流れ·たる : ながる(하2단)연용·たり(존속)연체

② 완료

동작 작용이 이미 끝나 있는 것을 나타낸다. (~た, ~てしまう, ~てしまった)

さりければ、女の兄、にはかに迎へに来たり。(伊勢物語)

[한국어역] 그러자, 여자의 오빠가 갑자기 맞으러 왔다.

来·たり : く·(カ변)연용·たり(완료)종지 ⋆ さりければ 그리하여

富士河といふは富士の山より落ちたる水なり。(更科日記)

[한국어역] 후지가와라는 강은 후지산에서 흘러든 물이다.

落ち·たる : おつ(상2단)연용·たり(완료)연체

り

① 존속 (~ている, ~てある)

「忠度」と名乗り給へば、「落人帰り来たり」とて、その内騒ぎ合へり。(平家物語)

[한국어역] '다다노리'라고 이름을 대시니, '패배한 무장이 돌아왔다'고 하면서 문 안에서는 소란스러웠다.

名乗り·給へば : なのる(4단)연용·たまふ(4단 존경보조)이연·ば(접조), 帰り·来·たり : かへる(4단)연용·く(カ변)연용·たり(완료)종지, 騒ぎ合へ·り : さはぎあふ(4단)명령·り(존속)종지

⋆ 落人 패배한 무장

今日、海荒げにて、磯に雪降り、波の花咲けり。(土左日記)

[한국어역] 오늘 바다는 거칠고, 갯바위에 (부서지는 파도가) 눈처럼 내려와 파도 꽃이 피었구나.

荒げに·て : あらげなり(ナリ형동)연용·て(접조), 咲け·り : さく(4단)명령·り(존속)종지

この柳の影の、川の底に映れるを見て、よめる歌、(土左日記)

[한국어역] 이 버드나무의 모습이, 강바닥에 비치는 것을 보고 읊은 노래

映れ·る : うつる(4단)명령·り(존속)연체, よめ·る : よむ(4단)명령·り(완료)연체

② 완료 (~た, ~てしまう, ~てしまった)

到れりし国にてぞ、子生める者ども、ありあへる。(土左日記)

[한국어역] 갔던(부임한) 지방에서, 아기를 낳은 사람들이 배에 같이 타고 있다.

到れりし : いたる(4단)명령·り(완료)연용·き(과거)연체, 生める : うむ(4단)명령·り(완료)연체, ありあへる : ありあふ(4단)명령·り(존속)연체(계조 ぞ~연체호응)

この石、聞きしよりは見るはまされり。(伊勢物語)

[한국어역] 이 돌은 일찍이 들었던 것보다는 직접 보는 것이 더 나아 보였다.

まされり : まさる(4단)명령·り(완료)종지, 聞き·し·より : きく(4단)연용·き(과거)연체·より(격조)

Q&A 12

つ·ぬ와 たり·り는 모두 완료의 조동사라고 하는데 그 차이는 어디에 있나요?

☞ つ·ぬ는 작위적이든 자연추이적이든 어떤 사항이 완전히 끝났다는 것을 의미합니다. 그러나 たり·り는 어떠한 동작 작용이 지속되고 있거나, 동작 작용이 이미 끝났지만 그 결과가 지속되어 있다는 것을 의미합니다. 그러므로 つ·ぬ의 기본적인 의미는 완료에 있고, たり·り는 존속에 있다고 하겠습니다. 완료와 존속의 구분도 애매한데, 현대어의 ている, てある로 해석이 되면 존속이며, 그 외에는 완료로 보면 된다는 견해도 있습니다.

Q&A 13

현대어의 과거를 나타내는 た는 고어의 たり에서 온 것인가요?

☞ 흔히 たり의 종지형 たり가 た로 변했다고 생각하는데, た는 종지형 たり가 아니라 연체형 たる의 변화로 생긴 것입니다. 연체형 たる는 ん음편을 일으키는데 그때 ん은 흔히 무표기 되었습니다. 이러한 과정을 거쳐서 たる는 た로 변화하게 되었고, 연체형과 종지형이 같아지면서 현대어로 이어집니다. 연체형과 종지형이 같아지는 현상에 대해서는 Q&A 4(p44)와 Q&A 9(p103)에서 설명하고 있습니다.

[연습문제 5]

다음 문에서 밑줄 친 조동사의 의미와 활용형을 쓰시오.

① おごれる人(ひと)も久(ひさ)しからず。(平家物語)

[한국어역] 권세를 떨치는 자도 오래가지 못한다.

② 十二日(とをかあまりふつか)。山崎(やまざき)に泊(と)まれり。(土佐日記)

[한국어역] 12일, 야마자키에 묵었다.

③ やがて、続(つづ)いてうち入(い)れたり。(平家物語)

[한국어역] 이윽고 뒤따라 들어갔다.

④ 雪(ゆき)いと白(しろ)う木(き)の末(する)にふりたり。(伊勢物語)

[한국어역] 눈이 참 하얗게 나뭇가지 끝에 내린다.

⑤ 墨染(すみぞめ)着(き)たる僧(そう)、足音(あしおと)もせで出(い)で来て、(宇治拾遺物語)

[한국어역] 잿빛 승복을 입은 승려가 발소리도 없이 나타나서

⑥ 露(つゆ)落(お)ちて花(はな)残(のこ)れり。(方丈記)

[한국어역] 이슬은 떨어지고 꽃은 남아 있다.

(5) 추량(推量)

む·むず

む는 추량하거나 의지를 나타내는 등, 예상하는 일들을 표현하는 데에 사용된다. むず는 む+と+す의 결합에서 이루어진 것으로, む보다 어감이 강하고 속어적인 느낌으로 회화체에서 쓰였다.

む·むず는 활용어의 미연형에 붙는다. む는 4단활용, むず는 サ행변격활용을 한다.

기본형	미연형	연용형	종지형	연체형	이연형	명령형
む(ん)	(ま)	○	む(ん)	む(ん)	め	○
むず (んず)	○	○	むず(んず)	むずる (んずる)	むずれ (んずれ)	○

① 추량

아직 실현되지 않은 일이나 불확실한 것에 대해 예상할 때 쓴다. (~だろう)

梨の木のはるかに高きを、「幾尋あらむ」などいふ。(枕草子)

[한국어역] 배나무가 아주 커서 , 몇 아름이나 될까 하고 (다들) 말한다

あら·む : あり(ラ변)미연·む(추량)종지, 高きを : たかし(ク형)연체·を(접조)

* ~尋 아름(두 팔을 벌린 넓이 약 150센티)

女の幸ひとはこれをこそはいはめ。(栄花物語)

[한국어역] 여자의 행복이란 이런 것을 두고 하는 말이겠지.

いは·め : いふ(4단)미연·む(추량)이연(계조こそ～이연호응)

* 幸ひ : さきはひ의 イ음편, 행복

この月の十五日に、かのもとの国より、迎へに人々まうで来むず。(竹取物語)

[한국어역] 이달 보름에 그 원래의 나라(달나라)로부터 (나를) 맞으러 사람들이 올 것이다.

まうで来·むず : まうでく(カ변, 겸양어)미연·むず(추량)종지

② 의지, 희망

어떤 일에 대해 실현하겠다는 의지를 나타낸다. (~う·よう)

都(みやこ)いでゝ君(きみ)に逢(あ)はむとこしものをこしかひもなく別(わか)れぬるかな (土佐日記)

[한국어역] (신임 태수가 떠나는 쓰라유키에게) 도읍을 나서 당신을 보고자 왔건만, 온 보람도 없이 곧 헤어지고 마네요

逢は·む : あふ(4단)미연·む(의지), こ·し·ものを : 来(カ변)미연·き(과거)연체·ものを(접조), こ·し·かひ : 来(カ변)미연·き(과거)연체·かひ(명), ⋆こし : し(き의 연체형)는 カ변동사의 연용형, 또는 미연형에 붙는다(조동사 き의 항목 p125 참조). 別れ·ぬる : わかる(하2단)연용·ぬ(과거)연체

いづちもいづちも、足(あし)の向(む)きたらむ方(かた)へ往(い)なむず。(竹取物語)

[한국어역] (나는) 어디로든, 어디로든, 발이 닿는 곳으로 가 버리겠다.

向き·たら·む : むく(4단)연용·たり(완료)미연·む(추량), 往な·むず : いぬ(ナ변)미연·むず(의지)종지

③ 권유, 명령, 적당, 당연

상대방에게 어떤 행동에 대해 권유하거나 정중하게 명령할 때에 쓴다. (~のがよいだろう, ~たらどうか)

法師(はふし)は人(ひと)に疎(うと)くてありなむ。(徒然草)

[한국어역] 승려는 속세의 사람을 멀리하는 것이 좋다.

あり·なむ : あり(ラ변)연용·なむ(강조), ぬ(완료)미연·む(권유)종지

「いかがせんずるぞ」と、常(つね)に御談合(ごだんかふ)ありけり。(保元物語)

[한국어역] '어떻게 하는 것이 좋을지' 하고 항상 의논하셨다.

せ·んずる : す(サ변)미연·んず(むず·적당)연체

④ 완곡, 가정

단정을 피해 완곡하게 표현하거나, 가정의 뜻을 나타내기도 한다. (~のような, ~としたら)

今(いま)もまた、人の身(み)を受(う)けむことは難(かた)しといへども、(うつほ物語)

[한국어역] 지금도 또한, 사람의 몸으로 환생하는 것 같은 일은 어렵다고 하지만,

受け·む : うく(하2단)미연·む(완곡)연체, いへ·ども : いふ(4단)이연·ども(접조)

さる所(ところ)へまからむずるも、いみじくも侍(はべ)らず。(竹取物語)

[한국어역] 그런 곳(달나라)에 가게 된다고 해도 그다지 기쁘지도 않사옵니다.

まから·むずる : まかる (4단)미연·むず(완곡.가정)연체, いみじく·も·侍ら·ず : いみじ(シク 형)연용·も(계조)·はべり(ラ변, 정중 보조)미연·ず(부정)종지

Q&A 14

현대어에서는 미연형에 う가 붙어서 의지를 나타내는데, 이 う는, 고어의 む에서 온 건가요?

☞ 고어의 む는 가장 심한 음운상의 변화를 겪은 조동사로서 む(mu)는 [ん(m.n)] 또는 [う(u)]의 변화를 거칩니다. 처음에는 む(mu)로 발음하였으나 중고 시대 중기에는 ん으로 발음되었고 중고 시대 말기에는 표기도 ん이 많아집니다. 이는 けむ、らむ도 마찬가지입니다. 그러나 중세 이후에는 う가 쓰이며 현대어에는 う가 남게 되며 의미도 추량보다는 의지를 나타내는 경우가 대부분입니다.

[연습문제 6]

다음 문에서 밑줄 친 조동사의 의미와 활용형을 쓰시오.

① この獅子(しし)の立(た)ちやう、いと、めづらし。深(ふか)き故(ゆゑ)あらん。(徒然草)

[한국어역] 이 사자(상)가 선 모습이 아주 이상하다. 깊은 연고가 있을 것이다.

② いとをかしげなる猫(ねこ)なり。飼(か)はむ。(更級日記)

[한국어역] 아주 멋진 고양이다. 키워야지.

③ 船(ふね)つかまつらずは、いちいちに射殺(いころ)さんずるぞ。(平家物語)

[한국어역] 배를 내지 않는다면, 한 사람 한 사람 활로 쏘아 죽일 것이다.

④ 思(おも)はむ子(こ)を法師(はふし)になしたらむこそ、心苦(こころくる)しけれ。(枕草子)

[한국어역] 사랑하는 자식을 승려가 되게 하는 것 등은 매우 애처롭다.

⑤ 女(をんな)迎(むか)ふる男(をとこ)、まいていかならむ。(枕草子)

[한국어역] 여자를 맞이하는 남자는 하물며 어떠할까?

⑥ われは命短(いのちみぢか)き族(ぞう)なり。かならず死(し)なむず。(大鏡)

[한국어역] 나는 단명한 집안 사람이다. 분명히 일찍 죽을 것이다.

けむ

과거의 사실을 추량하거나, 과거 사실의 전문 등으로 쓰인다. けむ는 용언의 연용형에 접속하며 4단동사형 활용을 한다.

기본형	미연형	연용형	종지형	연체형	이연형	명령형
けむ(けん)	(けま)	○	けむ(けん)	けむ(けん)	けめ	○

① 과거추량

과거의 사실을 추량할 때에 쓴다. (~しただろう, ~たのだろう)

衣(きぬ)などに、すずろなる名(な)どもを付(つ)けけむ、いとあやし。(枕草子)

[한국어역] 옷 같은 것에 시시한 이름들을 붙였다고 생각하니 매우 이상하다.

すずろなる : すずろなり(ナリ형동, 시시하다)연체, 付けけむ : つく(하2단)연용·けむ(과거추량)종지

なほ、わ翁(おきな)の年(とし)こそ聞(き)かまほしけれ。生(う)まれけむ年(とし)は知りたりや。(大鏡)

[한국어역] 더욱이, 옹의 나이를 묻고 싶소. 태어난 해는 언제인지 알고 있는가?

聞か·まほしけれ : きく(4단)미연·まほし(희망)이연(계조こそ～이연호응), 生まれ·けむ : うまる(하2단)연용·けむ(과거추량)연체, 知り·たり : しる(4단)연용·たり(존속)종지

* わ翁 : わ는 사람을 나타내는 말에 붙는 접두어

父「空(そら)よりや降(ふ)りけむ、土(つち)よりや湧(わ)きけむ」と言(い)ひて笑(わら)ふ。(徒然草)

[한국어역] 아버지가 (아들에게) 「(부처는) 하늘에서 내려왔을까, 땅에서 솟았을까」 라고 말하고 웃었다.

降り·けむ : ふる(4단)연용·けむ(과거추량)연체(계조 や～연체호응), 湧き·けむ : わく(4단)연용·けむ(과거추량)연체(계조 や～연체호응)

② 과거의 원인, 이유의 추량

현재 상황의 원인이나 이유가 과거에 있었던 것 같다는 뜻을 나타낸다. (~したのだろう)

参りたる人ごとに山へ登りしは、何事かありけん、(徒然草)

[한국어역] (산 정상에 신궁 본전이 있는 것을 모른 채 돌아온 승려는)오는 사람마다 산에 올라간 것은 (산 위에서) 무슨 일이 있었던 것일까.

参り·たる：まゐる(4단, 겸양어)연용·たり(완료)연체, 登り·し：のぼる(4단)연용·き(과거)연체, あり·けん：あり(ラ변)연용·けん(けむ 과거원인추량)연체(계조 か～연체호응)

前の世にも御契りや深かりけむ、世になく清らなる玉の男御子さへ生まれ給ひぬ(源氏物語)

[한국어역] 전생에도 인연이 깊었던 걸까. 실로 귀한 옥동자까지 태어나셨다.

深かり·けむ：ふかし(ク형·カリ활용)연용·けむ(과거원인추량)연체(계조 や～연체호응), 清らなる：きよらなり(ナリ형동)연체, 生まれ·給ひ·ぬ：うまる(하2단)연용·たまふ(4단, 존경보조)연용·ぬ(완료)종지

③ 과거의 전문

이전에 들은 바가 있다는 뜻을 나타낸다. (~だそうだ, ~したそうだ)

行平の中納言の、関吹き越ゆると言ひけむ浦波、夜々はげにいと近く聞こえて、(源氏物語)

[한국어역] 주나곤 유키히라공이, '관문도 넘는(파도)'라고 읊었다던 해변의 파도소리가, 밤마다 실제로 매우 가깝게 들려서,

言ひ·けむ：いふ(4단)연용·けむ(과거전문)연체

僧賀ひじりの言ひけんやうに、名聞ぐるしく、仏の御教に違ふらむとぞ覚ゆる。(徒然草)

[한국어역] 소가고승이 말씀하셨다시피, 세속적인 명예에 집착해 괴롭고 불교의 가르침에도

어긋나리라고 생각한다.

言ひ·けん : いふ(4단)연용·けん(=けむ과거전문)연체, 違ふ·らむ·と·ぞ·覚ゆる : たがふ(4단)종지·らむ(현재추량)종지·と(격조)·ぞ(계조)·おぼゆ(하2단)연체(계조 ぞ~연체호응) *名聞 : 세속적 명예

らむ

보이지는 않는 현재의 사실을 추량하기도 하며, 전해 들어 알고 있는 것을 완곡하게 표현하기도 한다. らむ는 활용어의 종지형에 붙는데, ラ변동사에는 연체형에 붙는다. 4단동사형 활용을 한다.

기본형	미연형	연용형	종지형	연체형	이연형	명령형
らむ(らん)	○	○	らむ(らん)	らむ(らん)	らめ	○

① 현재추량

현재의 상황이 확실히 정해진 것이 없어서 추량해 보는 것이다. (~ているだろう, 今頃~だろう)

憶良(おくら)らは今(いま)はまからむ子(こ)泣(な)くらむそを負(お)ふ母(はは)も我(わ)を待(ま)つらむぞ。(万葉集)

[한국어역] 오쿠라는 이제는 퇴청하겠습니다. 아이가 울고 있을 겁니다. 그 아이를 업은 어미도 나를 기다리고 있을 것입니다.

泣く·らむ : なく(4단)종지·らむ(현재추량)종지, 待つ·らむ : まつ(4단)종지·らむ(현재추량)연체, まから·む : まかる(4단)미연·む(의지)종지. 이 む는 らむ과는 다르므로 주의해야 한다. * 憶良ら의 ら는 자기를 낮추는 겸양의 접미어

吾(わ)が背子(せこ)はいづく行(ゆ)くらむ おきつもの名張(なばり)の山を今日(けふ)か越(こ)ゆらむ (万葉集)

[한국어역] 내 남편은 (지금)어디쯤 가고 있을까? 나바리산을 오늘은 넘고 있으려나.

行く·らむ : ゆく(4단)종지·らむ(현재추량)종지, 越ゆ·らむ : こゆ(하2단)종지·らむ(현재추량)연체(계조 か~연체호응), * 背子 남편이나 연인을 친근하게 부르는 말 * おき(沖)つも(藻)の : 마쿠라고토바, なばり를 이끌어내기 위한 수사법

② 현재의 원인, 이유의 추량

현재 일어나고 있는 일의 원인 이유를 추량해 보는 것이다. (だから~だろう, どうして~だろう)

冬ながら空より花のちりくるは雲のあなたは春にやあるらむ。(古今和歌集)

[한국어역] 겨울인데 하늘에서 꽃잎이 떨어지는 것은, 구름 저편은 봄이어서가 아니겠는가.

ある·らむ : あり(ラ변)연체·らむ(현재원인추량)연체(계조 や～연체호응)

などや苦しき目を見るらむ。(更科日記)

[한국어역] 어째서 이렇게 괴로운 일을 당하는 것일까.

見る·らむ : みる(상1단)종지·らむ(현재원인추량)연체(의문부사などや～연체호응)

③ 현재의 전문 또는 완곡

현재 상황에 대한 단정을 피하거나, 전해들은 것을 완곡하게 표현하는 것이다.(~とかいう, ~ような, ~ているような)

あうむいとあはれなり。人の言ふらむことをまねぶらむよ。(枕草子)

[한국어역] (외국 새이기는 하지만)앵무새는 참 귀엽다. 사람이 하는 말을 흉내 낸다지.

言ふ·らむ : いふ(4단)종지·らむ(현재 완곡)연체, まねぶ·らむ : まねぶ(4단)종지·らむ(전문)종지

山鳥、友を恋ひて鳴くに、鏡を見すれば慰むらむ、心若う、いとあはれなり。(枕草子)

[한국어역] 산꿩이 벗을 그리워 울 때에 거울을 보여주면 (벗이라 생각해서) 안심을 한다고 하는데 순수해서 아주 짠하다.

見すれ·ば : みす(하2단)이연·ば(접조), 慰む·らむ : なぐさむ(하2단)종지·らむ(전문)종지, 心若う : こころわかし(ク형, 순수하다)연용(う음편), あはれなり : (ナリ형동)종지

[연습문제 7]

다음 문에서 밑줄 친 조동사의 의미와 활용형을 쓰시오.

① さこそ異様(ことさま)なりけめ。(徒然草)

[한국어역] 필시 이상했을 것이다.

② 昔(むかし)、こはたといひけむが孫(まご)といふ。(更科日記)

[한국어역] (이 유녀는) 예전에 '고하타'라고 하던 사람의 손녀라 한다.

③ ひさかたの光(ひかり)のどけき春(はる)の日(ひ)にしづ心(こころ)なく花(はな)の散(ち)るらむ。(古今和歌集)

[한국어역] 빛이 화창한 봄날에 평온한 마음도 없이 어째서 꽃이 지는 것일까.

④ 昔(むかし)は聞(き)きけんものを、木曽(きそ)の冠者(くわんじゃ)、今(いま)は見(み)るらん。(平家物語)

[한국어역] 예전엔 소문으로 들었겠지. 기소의 소년을, 지금은 (장군 기소 요시나카)를 실제로 보고 있을 것이다.

⑤ 水鳥(みづとり)、鴛鴦(をし)いとあはれなり。かたみにゐかはりて、羽(はね)の上(うへ)の霜払(しもはら)ふらむ程(ほど)など。(枕草子)

[한국어역] 물새로는, 원앙이 참 귀엽다. 서로가 자리를 바꿔가며, 날개 위의 서리를 털어주는 그런 모습 등이.

べし

べし는 기본적으로 주어진 상황이나 주변의 사정으로 봐서 확신을 갖고 추측하거나, 논리적으로 당연하다는 판단으로 쓰는 것이다. 의미는 추량, 의지, 가능, 당연, 적당·타당, 권유·명령 등으로 나누는데 실제로는 어느 의미로 사용되었는지 애매한 경우가 많다. 그러나 주관적인 판단이 들어가는 추량, 의지, 권유·명령과 일반적인 관점을 기반으로 한 객관적인 판단의 당연, 적당·타당, 가능 등으로 나누어 볼 수 있다고 하겠다.

べし는 용언의 종지형(ラ변활용에는 연체형)에 붙으며, ク형용사형활용을 한다. 현대어에서는 べきだ의 형태로 많이 사용되고 있다.

기본형	미연형	연용형	종지형	연체형	이연형	명령형
べし	○	べく	べし	べき	べけれ	○
	べから	べかり		べかる		

① 추량

확신이 강한 추량, 예측의 뜻을 나타낸다. (きっと~だろう)

常(つね)に歩(あり)き、常に働(はたら)くは、養生(やうじゃう)なるべし。(方丈記)

[한국어역] 항상 걷고, 항상 일하는 것은 건강을 유지하기에 좋을 것이다.

なる·べし : なり(단정)연체·べし(추량)종지

昔、男、わづらひて、心地(ここち)死(し)ぬべく覚(おぼ)えければ、(伊勢物語)

[한국어역] 옛날에 한 남자가 병을 앓아서 곧 죽을 것 같은 느낌이 들어서,

死ぬ·べく : しぬ(ナ변)종지·べし(추량)연용, 覚え·けれ·ば : おぼゆ(하2단)연용·けり(과거)이연·ば(접조)

② 의지

자신의 강한 의지나 결의의 뜻을 나타낸다. (~う·よう, ~するつもりだ)

「宮仕へに出だし立てば死ぬべし」と申す。(竹取物語)

[한국어역] 궁에 입궐시키면 죽어버리겠노라고 말씀드리다.

死ぬ·べし : しぬ(ナ변)종지·べし(의지)종지, 出だし立て·ば : いだしたつ(하2단)미연·ば(접조)

この一矢に定むべしと思へ。(徒然草)

[한국어역] 이 하나의 활로 반드시 맞추겠다고 생각하라.

定む·べし : さだむ(하2단)종지·べし(의지)종지

③ 당연

그렇게 하는 것이 당연하다고 판단하는 뜻을 나타낸다. (~はずだ, ~当然だ, ~しなければならない)

人の歌の返しとくすべきを、え詠みえぬほども心もとなし。(枕草子)

[한국어역] 남의 시가의 답가를 빨리 해야 하는데, 제대로 짓지 못할 때도 마음이 안 좋다.

す·べき : す(サ변)종지·べし(당연)연체, 詠み·え·ぬ : よむ(4단)연용·う(하2단 가능의 보조동사) 미연·ず(부정)연체 ⋆ え~부정 : 제대로~하지 못하다.

船に乗るべき所へわたる。(土佐日記)

[한국어역] 배를 타야 할 곳으로 가다.

乗るべき : のる(4단)종지·べし(당연)연체

④ 적당·타당

그렇게 하는 것이 가장 적당하다는 뜻을 나타낸다. (~するのがよい, しなければならない)

家の作りやうは、夏をむねとすべし。(徒然草)

[한국어역] 집을 만드는 방법은 여름을 위주로 하는 편이 좋다.

す·べし : す(サ변)종지·べし(적당)종지 ⋆ やう : 방법, 양식 등

食(しょく)は人の天(てん)なり。よく味(あぢ)はひを調(ととの)へ知(し)れる人(ひと)、大(おほ)きなる徳(とく)とすべし。(徒然草)

[한국어역] 먹는 것은 사람에게 매우 중요한 것이다. 맛을 잘 내고 음식을 잘하는 사람은 대단한 재능이라 해도 좋을 것이다.

知れ·る : しる(4단)명령·り(존속)연체, すべし : す(サ변)종지·べし(적당)종지 *天 중요한 것

⑤ 권유, 명령

당연한 일이라고 상대방에게 어떤 행동을 하도록 권하거나 더욱 강조할 때에 쓴다. (しなければならない, ~べきだ)

御疑(うたがひ)あるべからず。(平家物語)

[한국어역] 의심하지 말아라.

ある·べから·ず : あり(ラ변)연체·べし(권유)미연·ず(부정)종지

頼朝(よりとも)が首(かうべ)をはねて、わが墓(はか)の前(まへ)にかくべし。(平家物語)

[한국어역] 요리토모의 목을 쳐서, 내 무덤 앞에 걸 거라.

かく·べし : かく(하2단)종지·べし(명령)종지

⑥ 가능

당연히 그렇게 할 수 있다는 뜻을 나타낸다. (~することができる)

羽(はね)なければ、空(そら)を飛(と)ぶべからず。(方丈記)

[한국어역] 날개가 없으니, 하늘을 날 수도 없다.

なけれ·ば : なし(ク형)이연·ば(접조), 飛ぶ·べから·ず : とぶ(4단)종지·べし(가능)미연·ず(부정)종지

その山見るに、さらに登(のぼ)るべきやうなし。(竹取物語)

[한국어역] 그 산을 보니, 전혀 올라갈 엄두를 못 낸다.

登るべき : のぼる(4단)종지·べし(가능)연체

[연습문제 8]

다음 문에서 밑줄 친 조동사의 의미와 활용형을 쓰시오.

① 早(はや)く故郷(ふるさと)に帰(かへ)りて、罪(つみ)を懺悔(ざんげ)す<u>べし</u>。(宇治拾遺物語)

[한국어역] 빨리 고향에 돌아가서, 죄를 참회하거라.

② むかし、男(をとこ)、「かくては死ぬ<u>べし</u>」といひやりたりければ、(伊勢物語)

[한국어역] 옛날에 한 남자가 '이러면 죽어버리겠다'라고 말을 했더니(글을 보냈더니),

③ このいましめ万事(ばんじ)にわたる<u>べし</u>。(徒然草)

[한국어역] 이 교훈은 만사에 미칠 것이다.

④ 今(いま)は、す<u>べき</u>方(かた)なし。(宇治拾遺物語)

[한국어역] 지금은, 할 수 있는 방도가 없다.

⑤ 伊勢(いせ)には殊(こと)に祭月(まつりづき)とす<u>べき</u>に、その例(ためし)もなし。(徒然草)

[한국어역] 이세에는 특히 (10월을) 제월로 했어야 하는데 그런 예도 없다.

⑥ 恐(おそ)る<u>べかり</u>けるはただ地震(なゐ)なりけり。(方丈記)

[한국어역] 무서워해야 했던 것은 오로지 지진이었다.

べらなり

추량을 나타내는 조동사로 べし의 어간 べ에 접미어 ら가 붙고, 거기에 단정의 조동사 なり가 붙은 것이다. 중고 초기에 사용되었으나 이후에 쇠퇴한다.

べらなり는 활용어의 종지형(ラ변활용에는 연체형)에 붙는다. ナリ형용동사형 활용을 한다.

기본형	미연형	연용형	종지형	연체형	이연형	명령형
べらなり	○	べらに	べらなり	べらなる	べらなれ	○

① 어떤 상태를 추량한다. (~のようだ, ~のようすだ)

桂川(かつらがは)わが心(こころ)にも通(かよ)はねど同(おな)じ深(ふか)さに流(なが)るべらなり (土佐日記)

[한국어역] 가쓰라가와는 내 마음에도 흐르는 건 아니지만 (귀경의 기쁨과) 같은 깊이만큼 흐르는 것 같구나.

通は·ね·ど : かよふ(4단)미연·ず(부정)이연·ど(접조), 流る·べらなり : ながる(하2단)종지·べらなり(추량)종지

まし

현실에 반하는 일을 가상하거나 그에 근거해 추량해 보는 것이다. まし는 용언의 미연형에 붙는다. まし는 특수형활용을 한다. 미연형 ませ는 상대 시대에 쓰였고, 중고 시대 이후에는 ましか가 쓰였다.

기본형	미연형	연용형	종지형	연체형	이연형	명령형
まし	(ませ) ましか	○	まし	まし	ましか	○

① 가상표현

사실에 반하는 일을 상상해서 말할 때에 쓴다. (もし~としたら, ~だろうに) 가상표현이란 현실과 반대되는 것을 가상해서 그 조건하에서 추량하는 것을 말한다. 반실가상이라고도 한

다. ましかば~まし, ませば~まし, せば~まし, 미연형+ば~まし의 형태로 앞뒤 사항이 호응하는 형태로 쓰는 경우가 많다.

この風いましばし止まざらましかば、潮上りて残る所なからまし。(源氏物語)

[한국어역] 이 태풍이 한동안 멈추지 않고 불었더라면, 조수(해일)가 밀려와 흔적도 없이 사라졌을 텐데.

止ま·ざら·ましか·ば : やむ(4단)미연·ず(부정)미연·まし(가상)미연·ば(접조), なから·まし : なし(ク형·カリ활용)미연·まし(가상)종지

落窪といふ者のあらば、うち預けて縫はせまし。(落窪物語)

[한국어역] 오치구보라는 사람이 있었으면, 맡겨서 꿰매게 했을 텐데.

あら·ば : あり(ラ변)미연·ば(접조), 縫は·せ·まし : ぬふ(4단)미연·す(사역)미연·まし(가상)종지

世にある物ならば、この国にも持てまうで来なまし。(竹取物語)

[한국어역] 세상에 있는 물건이라면 이 나라에도 갖고 왔을텐데.

なら·ば : なり(단정)미연·ば(접조), まうで来·な·まし : まうでく(カ변, 겸양어)연용·ぬ(완료)미연·まし(가상)종지

② 의지

망설이면서도 그것을 할 마음이 있는 것을 나타낸다. (しようかしら, できることなら~したい)

これに何を書かまし。(枕草子)

[한국어역] 여기에 무엇을 쓸까나.

書か·まし : かく(4단)미연·まし(의지)종지

さすがに寂々しくこそあれ。ものやいひやらまし。(枕草子)

[한국어역] 아닌 게 아니라 적적하구나. 말을 걸어 봐야 할까.

いひやら·まし : いひやる(4단)미연·まし(의지)연체(계조 や～연체호응)

しやせまし、せずやあらましと思ふことは、大様はせぬはよきなり。(徒然草)

[한국어역] 해볼 것인가 하지 말아야 할 것인가 하고 고민될 때는 대개는 하지 않는 것이 좋다.

せ·まし : す(サ변)미연·まし(의지)연체(계조 や～연체호응), せず : す(サ변)미연·ず(부정)연용, あら·まし : あり(ラ변)미연·まし(의지)연체(계조 や～연체호응), せぬ : す(サ변)미연·ず(부정)연체, よき·なり : よし(ク형)연체·なり(단정)종지

③ 단순한 추량

확실치 않은 일을 예상해서 말할 때 쓴다. (~だろう)

かしこくおのれが腕抜かれまし。(宇治拾遺物語)

[한국어역] 보기 좋게 너의 팔은 빠졌을 것이다.

抜か·れ·まし : ぬく(4단)미연·る(수동)미연·まし(추량)종지, かしこく : かしこし(ク형)연용

すべき方のなければ知らぬに似たりとぞ言はまし。(徒然草)

[한국어역] 해야 할 방법이 없으니, 모르는 것과 같다고 말할 수 있을 것이다.

言は·まし : いふ(4단)미연·まし(추량)연체(계조 ぞ~연체호응), す·べき : す(サ변)종지·べし(가능)연체, なけれ·ば : なし(ク형)이연·ば(접조), 知ら·ぬ : しる(4단)미연·ず(부정)연체, 似·たり : にる(상1단)연용·たり(존속)종지

[연습문제 9]

다음 문에서 밑줄 친 조동사의 의미와 활용형을 쓰시오.

① 「いかにせまし」と思ひ歎(なげ)きける程(ほど)に、(宇治拾遺物語)

[한국어역] '어떻게 해야 할지' 한숨짓던 차에

② 鏡(かがみ)に色(いろ)、形(かたち)あらましかば、うつらざらまし。(徒然草)

[한국어역] 만일 거울에 색, 형체가 있었다고 한다면 비추지 못했을 것이다.

③ かならずさるさまにてぞおはせまし。(源氏物語)

[한국어역] (살아계셨다면) 필시 그런 (여승의) 모습이셨을 텐데.

④ いかによからまし。(落窪物語)

[한국어역] 얼마나 좋을까?

⑤ 龍(たつ)を捕(とら)へたらましかば、また、こともなく我(われ)は害(がい)せられなまし。(竹取物語)

[한국어역] 만일 용을 잡았다면, 또한 쉽사리 나는 죽임을 당했을 것이다.

らし

객관적인 근거에 의해 확신을 가지고 추정할 때에 쓴다. らし는 상대 시대에 주로 쓰였으며, 중고 시대에는 와카(和歌)에 쓰인 예만 보인다. らし는 용언의 종지형에 붙는데, ラ변동사에는 연체형에 붙는다. らし는 특수형활용을 한다.

기본형	미연형	연용형	종지형	연체형	이연형	명령형
らし	○	○	らし	らし (らしき)	らし	○

① 추정 : 확실한 근거에 의거한 추량의 뜻을 나타낸다. (~らしい, ~にちがいない)

水底(みなそこ)の月の上(うへ)より漕(こ)ぐ舟(ふね)の棹(さを)にさはるは桂(かつら)なるらし (土佐日記)

[한국어역] 물에 비친 달 위를 저어 가는 배의 노에 닿는 것은 계수나무이겠지.

桂·なる·らし : かつら(명사)·なり(단정)연체·らし(추정)종지

春(はる)過(す)ぎて夏(なつ)来(き)たるらし白妙(しろたへ)の衣(ころも)ほしたり天(あま)の香具山(かぐやま) (万葉集)

[한국어역] 봄이 지나고 여름이 왔나 보다. 가구야마 산에 흰옷을 말리고 있는 걸 보니

来たる·らし : きたる(4단)종지·らし(추정)종지, ほしたり : ほす(4단)연용·たり(존속)종지

* しろたへの 마쿠라 고토바(枕詞)로 衣를 이끌어내기 위한 수사법

めり

본 것을 근거로 추정하는 뜻을 나타내며, 그것을 확실히 단정하지 않고 완곡하게 표현할 때 쓴다. めり는 '보다'는 뜻의 見(み)+あり의 결합으로 생겼다고 본다. めり는 용언의 종지형(ラ변활용에는 연체형)에 붙는다. めり는 ラ변동사형 활용을 한다.

기본형	미연형	연용형	종지형	연체형	이연형	명령형
めり	○	めり	めり	める	めれ	○

① 추정

어떤 사태를 추정한다. (~ようだ, ~ように思われる)

すだれ少(すこ)し上(あ)げて、花奉(はなたてまつ)るめり。(源氏物語)

[한국어역] 발을 조금 들어 올리고 (불상에) 꽃을 올리는 것 같았다.

奉る·めり : たてまつる(4단)종지·めり(추정)종지

かぐや姫(ひめ)の皮衣(かはぎぬ)を見ていはく、「うるはしき皮なめり」。(竹取物語)

[한국어역] 가구야히메가 가죽옷을 보고 말하기를 「멋진 가죽 같아요.」

皮·な·めり : かは(명)·なり(단정 ん음편)연체·めり(추정)종지

⋆ なり의 연체형 なる가 めり에 접속할 때 흔히 ん음편이 일어나 なんめり로 되는데 ん은 표기되지 않고 なめり와 같이 나타나는 경우가 많았다.

② 단정의 완곡한 표현

눈앞에서 벌어지는 일에 대해 단정을 피하고 표현을 완곡하고 부드럽게 한다. (~ようだ, ~ように思われる, ~と見える)

酔(ゑ)ひたる人(ひと)ぞ、過(す)ぎにし憂(う)さを思(おも)ひ出(い)でて泣(な)くめる。(徒然草)

[한국어역] 술 취한 사람은 지나가 버린 (과거의) 쓰라린 일을 생각해내고 우는 것 같다.

泣く·める : なく(4단)종지·めり(완곡)연체(계조 ぞ~연체호응), 酔ひ·たる : ゑふ(4단)연용·たり(존속)연체, 過ぎ·に·し : すぐ(상2단)연용·ぬ(완료)연용·き(과거)연체

長(なが)き契(ちぎ)りのなかりければ、ほどなくまかりぬべきなめり。(竹取物語)

[한국어역] 전생의 인연이 없어서, 이제 곧 떠나야 할 것 같습니다.

まかり·ぬ·べき·な·めり : まかる(4단)연용·ぬべし(강조)연체<ぬ(완료)종지·べし(추량)연체>·なり(단정 ん음편)연체·めり(완곡)종지, なかり·けれ·ば : なし(ク형 カリ활용)연용·けり(과거)이연·ば(접조) ⋆契り 전생에서 이어진 인연

(6) 추정(推定)·전문(伝聞)

なり

다른 사람에게 들어서 그 사태를 인지했을 때 또는 청각에 의해 추정할 때 쓰인다. なり는 용언의 종지형(ラ변 동사는 연체형)에 붙으며, ラ변동사형 활용을 한다.

기본형	미연형	연용형	종지형	연체형	이연형	명령형
なり	○	(なり)	なり	なる	なれ	○

① 전문

다른 사람으로부터 들었다는 전문의 뜻을 나타낸다. (~だそうだ, ~という, ~と聞いている)

この十五日(もち)になむ、月(つき)の都(みやこ)より、かぐや姫(ひめ)の迎(むか)へにまうで来(く)なる。(竹取物語)

[한국어역] 오는 8월 15일에, 달의 도읍지로부터 가구야히메를 맞으러 온다고 한다.

まうで来·なる : まうでく(カ변, 겸양어)종지·なり(전문)연체(계조なむ~연체호응)

男(をとこ)もすなる日記(にき)といふものを、女(をんな)もしてみむとてするなり。(土佐日記)

[한국어역] 남자도 쓴다고 하는 일기라고 하는 것을, 여자인 나도 해보려고 쓰는 것이다.

す·なる : す(サ변)종지·なり(전문)연체, する·なり : す(サ변)연체·なり(단정)종지

* なり가 종지형에 붙으면 전문, 연체형에 붙으면 단정의 의미이다.

② 추정

소리를 들었거나, 소리 등의 분위기를 근거로 추정할 때에 쓴다. (~らしい, ~のようだ, ~のように聞こえる)

吉野(よしの)なる菜(なつ)摘みの川の川淀(かはよどみ)に、鴨(かも)ぞ鳴(な)くなる、山陰(やまかげ)にして (万葉集)

[한국어역] 요시노 지방의 나쓰미 내의 물웅덩이에 오리 울음소리가 들리는 듯하다. 산그늘에서.

鳴く·なる : なく(4단)종지·なり(추정)연체(계조ぞ~연체호응), 吉野·なる : よしの(명사)·なる(존재)연체

「火危(ひあや)ふし」と言(い)ふ言(い)ふ、預(あづ)かりが曹司(ざうし)の方(かた)に去(い)ぬなり。(源氏物語)

[한국어역] '불조심'이라고 몇 번이고 말하면서, 관리인의 방 쪽으로 가 버린 것 같다.

去ぬ·なり : いぬ(ナ변)종지·なり(추정)종지, 預かりが曹司 : 관리인의 방, が : 연체격조사(=の)

[연습문제 10]

다음 문에서 밑줄 친 조동사의 의미와 활용형을 쓰시오.

① 深山(みやま)には霰降(あられふ)る<u>らし</u> (古今和歌集)

[한국어역] 깊은 산에는 우박이 내리나 보다.

② 供(とも)に、侍(さぶらひ)三(みたり)、四人(よたり)ばかり、物(もの)もはかで走(はし)る<u>めり</u>。(枕草子)

[한국어역] 같이, 부하 3, 4명 정도, 신발도 신지 못한 채 뛰는 것 같았다.

③ 駿河(するが)の国(くに)にある<u>なる</u>山なむ、この都(みやこ)も近(ちか)く、天も近くはべる。(竹取物語)

[한국어역] 스루가 지방에 있다는 산이, 이 도읍지에도 가깝고, 하늘에도 가깝습니다.

④ 日(ひ)も暮(く)れがたになりぬ<u>めり</u>。(更科日記)

[한국어역] 날도 저물 때가 된 것 같다.

⑤ 秋(あき)の野(の)に人(ひと)まつ虫(むし)の声(こゑ)す<u>なり</u> われかと行(ゆ)きていざとぶらはむ (古今和歌集)

[한국어역] 가을 들판에 사람을 기다린다는 벌레 소리가 나는 것 같구나. 나를 기다리느냐고 가서 자 문안드리자.

⑥ 君(きみ)が里(さと)には春(はる)なかる<u>らし</u> (伊勢物語)

[한국어역] 임이 사는 마을에는 봄이 없나 보다.

⑦ くらもちの皇子(みこ)には、東(ひむかし)の海(うみ)に蓬莱(ほうらい)といふ山ある<u>なり</u>。(竹取物語)

[한국어역] (가구야히메는) 구라모치 왕자에게는, '동쪽 바다에 봉래산이라는 산이 있다고 하오.'

(7) 부정추량(否定推量)

じ

어떤 일이 일어나지 않으리라고 추량하거나, 어떤 행동을 하지 않겠다는 의지를 나타낸다. 흔히 じ는 약한 부정으로 추량 む의 부정으로 본다. じ는 용언의 미연형에 붙으며 특수형 활용을 한다.

기본형	미연형	연용형	종지형	연체형	이연형	명령형
じ	○	○	じ	じ	じ	○

① 부정의 추량

어떤 일이 실현되지 않으리라고 추량한다. (~ないだろう, ~まい)

人遠(ひとどほ)く、水草(みくさ)きよきところにさまよひ歩(あり)きたるばかり、心慰(こころなぐさ)むことはあらじ。(徒然草)

[한국어역] 인적이 드물고, 물풀이 청아한 곳을 정처 없이 다니는 것만큼 마음을 달래는 일은 없을 것이다.

人遠く：ひとどほし(ク형·인적이 드물다)연용, あら·じ：あり(ラ변)미연·じ(부정추량)종지, 歩き·たる：ありく(4단)연용·たり(존속)연체

女(をんな)をば、よも斬(き)らじ。(今昔物語)

[한국어역] 여자를 설마 베지(죽이지)는 않겠지.

斬ら·じ：きる(4단)미연·じ(부정추량)종지 * よも~じ：설마 ~하지는 않을 것이다.

② 부정의 의지

어떤 일을 하지 않겠다는 의지를 나타낸다. (~ないようにしよう.~ないつもりだ)

残(のこ)しおかじと思(おも)ふ反古(ほぐ)などやりすつる中(うち)に……ただその折(をり)の心地(ここち)すれ。(徒然草)

[한국어역] 남기지 않겠다고 마음먹은 낡은 쪽지 같은 것을 버리던 중에 (돌아가신 분의 흔적이 나오면) 마치 그때로 돌아간 심경이 된다.

残しおか·じ : のこす(4단)연용·おく(4단)미연·じ(부정의지)종지, やりすつる : やりすつ(하2단)연체

おやの命を背かじとて、泣く泣くまた出で立ちける心のうちこそ、むざんなれ。(平家物語)

[한국어역] (기오는) 부모님의 말씀을 거스르지 않으려고, 울면서 또 나서는 마음이야말로, 애처롭다.

背か·じ : そむく(4단)미연·じ(부정의지)종지, 出で立ちける : いでたつ(4단)연용·けり(과거)연체

まじ

어느 정도 확신을 갖고 부정적으로 추량할 때에 쓴다. まじ는 강한 부정으로 べし의 부정으로 본다. まじ는 용언의 종지형(ラ변동사에는 연체형)에 붙는다. まじ는 シク형용사형 활용을 한다.

<table>
<tr><th>기본형</th><th>미연형</th><th>연용형</th><th>종지형</th><th>연체형</th><th>이연형</th><th>명령형</th></tr>
<tr><td rowspan="2">まじ</td><td>○</td><td>まじく</td><td rowspan="2">まじ</td><td>まじき</td><td rowspan="2">まじけれ</td><td rowspan="2">○</td></tr>
<tr><td>まじから</td><td>まじかり</td><td>まじかる</td></tr>
</table>

① 부정의 추량

어떤 일이 실현되지 않으리라는 확신을 갖고 추량한다. (当然~ないだろう, きっと~まい)

その人ならば、苦しかるまじ。入れ申せ。(平家物語)

[한국어역] 그 사람이라면, 걱정하지 않아도 될 것이다. 들여보내라.

苦しかる·まじ : くるし(シク형·カリ활용)연체·まじ(부정추량)종지, なら·ば : なり(단정)미연·ば(접조), 入れ申せ : いる(하2단)연용·まうす(4단, 정중보조)명령

冬枯れの気色こそ、秋にはをさをさ劣るまじけれ。(徒然草)

[한국어역] 초겨울 찬 바람 불 무렵의 경치야말로 가을에 조금도 뒤지지 않을 것이다.

劣る·まじけれ : おとる(4단)종지·まじ(부정추량)이연(계조 こそ~이연호응)

⋆ をさをさ~부정 : 좀처럼 ~지 않다.

② 부정의 의지

어떤 일을 하지 않겠다는 강한 의지를 나타낸다. (きっと~ないつもりだ, ~まい)

わが身は女なりとも、敵の手にはかかるまじ。(平家物語)

[한국어역] 내 몸은 여자이지만, 적의 손에는 절대로 걸리지(죽지) 않을 것이다.

かかる·まじ : かかる(4단)종지·まじ(부정의지)종지

参るまじきか。参るまじくはそのやうを申せ。(平家物語)

[한국어역] 오지 않으려는가? 오지 않을 생각이라면 그 사정을 아뢰거라.

参る·まじき : まゐる(4단 겸양어)종지·まじ(シク형 부정의지)연체, 参る·まじく·は : まゐる(4단)종지·まじ(シク형 부정의지)연용·は(계조)

⋆ 높은 신분의 기요모리가 하위 신분인 무희 기오에 대해 명하는 말이다. 신분에 의한 절대경어의 용법으로 겸양어 参る, 申す가 사용되었다.

③ 부정의 당연성

어떤 일에 대해서 확신을 갖고 부정한다. (~べきでない, ~はずがない)

人は、たゞ、無常の、身に迫りぬる事を心にひしとかけて、束の間も忘るまじきなり。(徒然草)

[한국어역] 인간은 곧 죽음이 다가와 있음을 마음에 굳게 새기고, 잠시도 잊어서는 안 되는 일이다.

忘る·まじき·なり : わする(하2단)종지·まじ(부정당연)연체·なり(단정)종지, 迫り·ぬる : せまる(4단)연용·ぬ(완료)연체 ⋆ 無常 : 무상, 죽음

島坂(しまさか)にて、人あるじしたり かならずしもあるまじきわざなり。(土佐日記)

[한국어역] 시마사카에서 어떤 사람이 우리를 대접해 주었다. 꼭 당연하다고는 할 수 없는 행위이다.

ある·まじき：あり(ラ변)연체·まじ(부정당연)연체, なり：なり(단정)종지

⋆ あるじ(主)す： 손님을 대접하다.

④ 금지, 부적당

어떤 일이 부적절하다. 그만두는 것이 좋다는 확신을 나타낸다. (~でないほうがよい, ~てはいけない)

あやしの所(ところ)には、立(た)ち寄(よ)るまじきなり。(宇治拾遺物語)

[한국어역] (귀인은 황당한 일을 당할 수 있으므로) 비천한 곳에는 들리지 않는 것이 좋다.

立ち寄る·まじき·なり：たちよる(4단)종지·まじ(부적당)연체·なり(단정)종지

⋆ あやしの(비천한)：ク형용사의 어간(シク형용사는 종지형)+の(격조사)로서 연체수식용법이 된다.

「死(し)ぬまじきぞ。自害(じがい)なせそ。」と仰(おほ)せられけり。(沙石集)

[한국어역] '죽어서는 안 된다. 자결하지 마라' 라고 말씀하셨다.

死ぬ·まじき：しぬ(ナ변)종지·まじ(부정추량)연체, 自害·な·せ·そ：じがい(명)·な(부)·す(サ변)미연·そ(종조), 仰せられけり：おほす(하2단 존경어)미연·らる(존경)연용·けり(과거)종지

⋆ な~そ： 부드러운 금지를 나타낸다.

⑤ 불가능

그런 일이 가능하지 않으리라는 추량의 뜻을 나타낸다. (~できそうにない, ~できないだろう)

えとどむまじければ、たださし仰(あふ)ぎて泣(な)きをり。(竹取物語)

[한국어역] (노파는 가구야히메의 승천을) 말릴 수가 없어서 그저 우러러보고 울고 있다.

とどむ·まじけれ·ば：とどむ(하2단)종지·まじ(불가능)이연·ば(접조)

⋆ え～부정：'제대로 ~하지 못하다'

たはやすく人寄(ひとよ)り来(く)まじき家(いへ)を作(つく)りて (竹取物語)

[한국어역] 손쉽게 사람들이 다가올 수 없는 집을 지어서

来·まじき：く(カ변)종지·まじ(불가능)연체

[연습문제 11]

다음 문에서 밑줄 친 조동사의 의미와 활용형을 쓰시오.

① 月(つき)ばかりおもしろき物(もの)はあらじ。(徒然草)

[한국어역] 달만큼 멋있는 것은 없겠지.

② 遠(とほ)き所(ところ)に住(す)ませじ。(枕草子)

[한국어역] (부모를) 먼 곳에 살게 하지 않겠다.

③ 妻(め)といふものこそ、男(をとこ)の持(も)つまじきものなれ。(徒然草)

[한국어역] 처라는 것이야말로, 남자가 가질 필요가 없는 것이다.

④「ただ今(いま)は見るまじ」とて入(い)りぬ。(枕草子)

[한국어역] (편지를) 지금은 안 봐야지 하고 넣어두었다.

⑤ 童(わらは)よりほかにはすべて入(い)るまじ。(枕草子)

[한국어역] 아이들 외에는 아무도 들어와서는 안 된다.

(8) 희망(希望)

まほし·たし

현대어에서 자기가 바라는 희망을 나타낼 때에는 たい로 표현하나, 고어에서는 まほし, たし의 두 가지가 쓰였다(~したい, ~してほしい). 중고 시대는 주로 まほし가 쓰였으나 중고 말기부터는 たし가 쓰이기 시작해 현대어의 たい에 이르렀다.

まほし는 용언의 미연형에 붙으며, シク형용사형 활용을 한다. たし는 용언의 연용형에 붙으며, ク형용사형 활용을 한다.

まほし

기본형	미연형	연용형	종지형	연체형	이연형	명령형
まほし	○ まほしから	まほしく まほしかり	まほし	まほしき まほしかる	まほしけれ	○

人の、子(こう)生みたるに、男(をとこ)・女(をんな)、疾(と)くきかまほし。(枕草子)

[한국어역] 다른 사람이 아기를 낳으면, 남아인지 여아인지 빨리 듣고 싶다.

きか·まほし：きく(4단)미연·まほし(희망)종지, 生み·たるに：うむ(4단)연용·たり(완료)연체·に(접조)

言(い)はまほしき事(こと)もえ言(い)はず、せまほしきこともえせず。(更級日記)

[한국어역] 하고 싶은 말도 못 하고, 하고 싶은 일도 못 한다.

言は·まほしき：いふ(4단)미연·まほし(희망)연체, せ·まほしき：す(サ변)미연·まほし(희망)연체, 言は·ず：いふ(4단)미연·ず(부정)종지,　せ·ず：す(サ변)미연·ず(부정)종지

たし

<table>
<tr><th>기본형</th><th>미연형</th><th>연용형</th><th>종지형</th><th>연체형</th><th>이연형</th><th>명령형</th></tr>
<tr><td rowspan="2">たし</td><td>○</td><td>たく</td><td rowspan="2">たし</td><td>たき</td><td rowspan="2">たけれ</td><td rowspan="2">○</td></tr>
<tr><td>たから</td><td>たかり</td><td>たかる</td></tr>
</table>

ありたきことは、まことしき文(ふみ)の道(みち)、作文(さくもん)、和歌(わか)、管絃(くわんげん)の道(みち)、(徒然草)

[한국어역] (사람으로 태어나서) 갖췄으면 하는 것은 제대로 된 학문의 길, (한)시를 짓고, 시가를 읊고, 악기를 다룰 줄 아는 것.

あり·たき : あり(ラ변)연용·たし(희망)연체, まことしき : まことし(シク형)연체

誰(たれ)もみなあのやうでこそありたけれ。(平家物語)

[한국어역] 누구나 다 그랬으면 좋겠다.

あり·たけれ : あり(ラ변)연용·たし(희망)이연(계조 こそ～이연형 호응)

帰(かへ)りたければ、ひとりつい立(た)ちて行(ゆ)きけり。(徒然草)

[한국어역] (이 승려는) 집에 가고 싶어지면 혼자서 벌떡 일어나서 갔다.

帰り·たけれ·ば : かへる(4단)연용·たし(희망)이연·ば(접조), 行き·けり : ゆく(4단)연용·けり(과거)종지

[연습문제 12]

다음 문에서 밑줄 친 조동사의 의미와 활용형을 쓰시오.

① 少(すこ)しのことにも、先達(せんだち)はあらまほしきことなり。(徒然草)

[한국어역] 사소한 일에도, 지도자는 있었으면 하는 것이다.

② 家(いへ)にありたき木(き)は松(まつ)、桜(さくら)(徒然草)

[한국어역] 집에 있었으면 하는 나무는 소나무, 벚꽃

③ 敵(かたき)に会(あ)うてこそ死(し)にたけれ。(平家物語)

[한국어역] 적을 만나 싸우다가 죽고 싶다.

④ 尋(たづ)ね聞(き)かまほし。(徒然草)

[한국어역] 찾아가 물어보고 싶다.

(9) 비유(比喩)

ごとし(如し)

다른 것과 같거나 닮았다고 할 때에 쓰며, 어떤 것을 예로 들어 말할 때에 쓴다. ごとし(如し)는 체언이나 활용어의 연체형에 붙는데, 흔히 조사 の, が를 삽입시켜 접속한다. ごとし는 ク형용사형 활용을 한다.

기본형	미연형	연용형	종지형	연체형	이연형	명령형
ごとし	○	ごとく	ごとし	ごとき	○	○

① 비유

다른 것에 비유해 그것과 닮았다는 것을 나타낸다. (まるで~のようだ)

虎(とら)の子(こ)のけはしき山(やま)の峰(みね)をわたるがごとし。(大鏡)

[한국어역] 호랑이 새끼가 험한 산골짜기를 건너는 것과 같다.('빼어나다'는 뜻의 비유)

わたる·が·ごとし : わたる(4단)연체·が(격조)·ごとし(비유)종지

にはかに悪(あ)しき風(かぜ)吹(ふ)きて、舟(ふね)を南(みなみ)の方(かた)へ吹きもて行く事、矢(や)を射(い)るがごとし。(宇治拾遺物語)

[한국어역] 갑자기 폭풍이 불어서, 배를 남쪽으로 몰고 가는데, 마치 화살이 날아가는 것과 같다.

射る·が·ごとし : いる(상1단)연체·が(격조)·ごとし(비유)종지,

⋆ 비슷한 표현으로 현대어에서도 쓰이는 관용어가 있다. 光陰(こういん)矢(や)の如(ごと)し(세월의 흐름이 정말 빠르다)

おごれる人も久(ひさ)しからず。ただ春(はる)の夜(よ)の夢(ゆめ)のごとし。(平家物語)

[한국어역] 권세를 떨치는 사람도 오래가지 못한다. 마치 일장춘몽 같은 것이다.

夢·の·ごとし : ゆめ(명사)·の(격조)·ごとし(비유)종지, おごれ·る : おごる(4단)명령·り(존속)연체, 久しから·ず : ひさし(シク형·カリ활용)미연·ず(부정)종지

② 예시

닮은 것을 예로 들 때에 쓴다. (たとえば~など, ~のような)

和歌(わか)·管弦(くわんげん)·往生要集(わうじやうえうしふ)ごときの抄物(せうもつ)を入れたり。(方丈記)

[한국어역] (검은 가죽 바구니에)와카, 음악에 관한 책이랑, 불교논집과 같은 주석서를 넣었다.

往生要集·ごとき：わうじゃうえうしふ(명, 중고 시대의 불교논집)·ごとし(예시)연체, 入れ·たり：いる(하2단)연용·たり(완료)종지 ⋆抄物 주석서

さのごとき非常(ひじやう)のことのさぶらはむをば、(源氏物語)

[한국어역] 그와 같은 말도 안 되는 일이 있으시다니.

さ·の·ごとき：さ(부)·の(격조)·ごとし(예시)연체, さぶらは·む：さぶらふ(4단, ありの 정중어) 미연·む(완곡)연체

[연습문제 13]

다음 문에서 밑줄 친 조동사의 의미와 활용형을 쓰시오.

① 道(みち)に長(ちゃう)じぬる一言(ひとこと)、神(かみ)の<u>ごとし</u>。(徒然草)

[한국어역] 어떤 분야에 정통한 사람의 한마디는 신과 같다.

② 松島(まつしま)は笑(わら)ふが<u>ごとく</u>、象潟(きさかた)は恨(うら)むが<u>ごとし</u> (奥の細道)

[한국어역] 마쓰시마는 마치 웃는 듯하고, 기사카타는 마치 원망하는 듯하다.

③ 楊貴妃(やうきひ)<u>ごとき</u>は、あまり時(とき)めきすぎて悲(かな)しきことあり。(大鏡)

[한국어역] 양귀비 같은 사람은 지나치게 총애를 받아 오히려 슬픈 일이 있었다.

(10) 자발(自発), 수동(受動), 가능(可能), 존경(尊敬)

る·らる

현대어에서 자발, 수동, 가능, 존경의 용법으로 쓰이는 れる·られる의 고어형이다. る는 4단, ナ변동사, ラ변동사의 미연형에 붙는다. 그 이외의 동사의 미연형에는 らる가 붙는다. る·らる는 하2단활용을 한다. 단, 자발의 용법과 가능의 용법에는 명령형이 없다.

기본형	미연형	연용형	종지형	연체형	이연형	명령형
る	れ	れ	る	るる	るれ	れよ
らる	られ	られ	らる	らるる	らるれ	られよ

① 자발(自発)

동작, 작용, 상태가 자연발생적으로 성립하는 동사에 붙어서 자발의 뜻을 나타낸다.

住(す)みなれしふるさとかぎりなく思(おも)ひ出(い)でらる。(更科日記)

[한국어역] 정들었던 고향이 한없이 생각난다.

思ひ出で·らる : おもひいづ(하2단)미연·らる(자발)종지, 住みなれ·し : すみなる(하2단)연용·き(과거)연체

名(な)を聞(き)くより、やがて面影(おもかげ)は推(お)しはからるる心地(ここち)するを、(徒然草)

[한국어역] 이름을 듣자마자 곧 그 사람의 생김새가 저절로 떠오르는 것 같은 기분이 드는데,

推しはから·るる : おしはかる(4단)미연·る(자발)연체

② 수동(受動)

자기는 관여하지 않았는데 어떤 동작이나 작용을 남한테 받았을 때 수동이 된다.

人の馬(うま)には我(われ)乗(の)り、わが馬(うま)をば人に乗(の)らる。(平家物語)

[한국어역] 다른 사람 말에는 내가 타고, 내 말을 다른 사람이 탔다.

乗ら·る : のる(4단)미연·る(수동)종지

ありがたきもの、舅(しうと)にほめらるる婿(むこ)。また姑(しうとめ)に思(おも)はるる嫁(よめ)の君(きみ)。(枕草子)

[한국어역] 좀처럼 없는 것. 장인에게 칭찬받는 사위. 또 시어머니에게 귀여움 받는 며느님.

ほめ·らるる : ほむ(하2단)미연·らる(수동)연체, 思は·るる : おもふ(4단)미연·る(수동)연체,

⋆ ~君 : 경칭

③ 가능(可能)

어떤 동작, 작용을 할 수 있다는 뜻인 가능을 나타낸다.

冬(ふゆ)はいかなる所(ところ)にも住(す)まる。(徒然草)

[한국어역] 겨울은 어떤 곳에서도 살 수 있다.

住ま·る : すむ(4단)미연·る(가능)종지

目(め)には見(み)て手(て)にはとられぬ月(つき)のうちの桂(かつら)のごとき君(きみ)にぞありける (伊勢物語)

[한국어역] 눈으로 보며 손으로는 잡을 수 없는 달나라의 월계수 같은 님이시여.

とられぬ : とる(4단)미연·る(가능)미연·ず(부정)연체, あり·ける : あり(ラ변)연용·けり(감탄)연체(계조 ぞ~연체호응)

④ 존경(尊敬)

어떤 인물의 동작에 る·らる를 붙이면 동작한 사람에 대한 가벼운 존경의 표현이 된다.

京極(きやうごく)の入道中納言(にふだうちゅうなごん)は、なほ一重梅(ひとへうめ)をなん軒近(のきちか)く植(う)ゑられたりける。(徒然草)

[한국어역] 교토의 뉴도 주나곤은 또 홑겹 매화를 처마 가까이 심으셨다더군.

植ゑ·られ·たり·ける : うう(하2단)미연·らる(존경)연용·たり(완료)연용·けり(과거)연체(계조なん(む)~연체호응)

今(いま)は昔(むかし)、堀川太政大臣(ほりかはだいじゃうだいじん)と申(まう)す人(ひと)、……御祈(いの)りどもさまざまにせらる。(宇治拾遺物語)

[한국어역] 예전에, 호리카와라는 사람이 (병환으로) 온갖 기도를 하셨다.

せ·らる : す(サ변)미연·らる(존경)종지 ⋆太政大臣 태정관, 최고의 장관

[연습문제 14]

다음 문에서 밑줄 친 조동사의 의미와 활용형을 쓰시오.

① 人(ひと)に雇(やと)はれ、使(つか)はれもせず、(大和物語)

[한국어역] 남에게 고용되지도 않고 부려지지도 않고

② 今日(けふ)は都(みやこ)のみぞ思(おも)ひやらるる。(土佐日記)

[한국어역] 오늘은 자꾸 도읍 생각만 난다.

③ 恐(おそ)ろしくて寝(い)も寝(ね)られず。(更級日記)

[한국어역] 무서워서 잠도 자지 못한다.

④ 大姫君(おほひめぎみ)のかく田舎人(ゐなかびと)になられたりける、(宇治拾遺物語)

[한국어역] 귀인의 큰 아가씨께서 이렇게 시골 사람이 되신 것이,

(11) 사역(使役), 존경(尊敬)

す·さす·しむ

す·さす·しむ는 다른 사람에게 어떤 행동을 시킨다는 사역의 뜻으로 쓰인다. す·さす는 현대어의 せる.させる 의 고어형이다. しむ는 상대 시대에 주로 쓰였으며, す.さす는 중고 시대부터 일반적으로 쓰였다. す.さす는 주로 가나(仮名) 문에 쓰였으며, しむ는 한문조의 문에 쓰였다. す.さす.しむ의 사역의 용법은 신분이 높은 사람이 직접 행동하지 않고 다른 사람에게 시키는 데에서 유래되었는데, 여기에서 파생된 것이 존경의 용법이다. す는 4단, ナ변동사, ラ변동사의 미연형에 붙으며, 그 이외의 동사에는 さす가 붙는다. しむ는 모든 동사의 미연형에 붙는다. 또한 す·さす·しむ는 하2단동사형 활용을 한다.

기본형	미연형	연용형	종지형	연체형	이연형	명령형
す	せ	せ	す	する	すれ	せよ
さす	させ	させ	さす	さする	さすれ	させよ
しむ	しめ	しめ	しむ	しむる	しむれ	しめよ (しめ)

① 사역

자기가 하지 않고 다른 사람에게 동작을 시키는 뜻을 나타낸다. (~せる·させる)

見苦(みぐる)しとて、人に書(か)かするはうるさし。(徒然草)

[한국어역] (글씨가) 보기 싫다고 하여 남에게 쓰게 하는 것은 마음에 안 든다.

書か·する : かく(4단)미연·す(사역)연체, うるさし(ク형)종지 부자연스럽다.

人に食(く)はする事(こと)なし。たゞひとりのみぞ食ひける。(徒然草)

[한국어역] (그 승려는) 다른 사람에게 먹게 하는 일이 없었다. 오로지 혼자서만 먹었다.

食は·する : くふ(4단)미연·す(사역)연체, 食ひ·ける : くふ(4단)연용·けり(과거)연체(계조ぞ~연체호응)

そのほどは精進せさす。(更科日記)

[한국어역] (스님이 절에서 참배하는 3일 동안 어머니는) 그동안은 (나에게) 수양에 정진하게 하였다.

精進せ·さす : しゃうじんす(サ변)미연·さす(사역)종지

誰が為にか心を悩まし、何によりてか目を喜ばしむる。(方丈記)

[한국어역] 누구를 위해 고뇌하고, 무엇으로 하여 눈을 즐겁게 하려 하는가.

喜ば·しむる : よろこぶ(4단)미연·しむ(사역)연체(계조 か~연체호응)

② 존경

동작하는 사람에 대한 존경을 나타낸다. 단독으로 경어로 사용되지는 않으며 경어동사 たまふ·おはします와 결합하여 최고경어로 사용된다. [せ·させ·しめ+給ふ, せ·させ·しめ+おはします]

大臣、上達部を召して、「いづれの山か天に近き」と問はせたまふに, (竹取物語)

[한국어역] (왕은) 고위 관직들을 부르셔서, '어느 산이 하늘에 가까운가'라고 하문하시니,

問は·せ·たまふ(최고경어) : とふ(4단)미연·す(존경)연용·たまふ(4단 존경보조)연체

⋆めす : 존경어, 부르시다

このごろぞ、おどろきてよろづのことせさせたまふ。(源氏物語)

[한국어역] (왕은) 요즈음에야, 놀라셔서 여러 가지 일(모후의 쾌차를 위한 법사)을 하신다.

せ·させ·たまふ(최고경어) : す(サ변)미연·さす(존경)연용·たまふ(4단, 존경보조)연체(계조ぞ~연체호응)

公も、御行せしめ給ふ。(大鏡)

[한국어역] 왕께서도 행차하시다.

行幸せ·しめ·給ふ(최고경어) : みゆきす(サ변)미연·しむ(존경)연용·たまふ(4단 존경보조)종지

⋆行幸 : 왕이나 상왕의 행차

なほ、高(たか)く吹(ふ)かせおはしませ。え聞(き)きさぶらはじ。(枕草子)

[한국어역] 더 크게 (퉁소를) 부시옵소서. (주변에서) 듣지 않을 것이옵니다.

吹か·せ·おはしませ(최고경어) : ふく(4단)미연·す(존경)연용·おはします(4단 존경보조)명령,

聞き·さぶらは·じ : きく(4단)연용·さぶらふ(4단 정중보조)미연·じ(부정추량)종지

[연습문제 15]

다음 문에서 밑줄 친 조동사의 의미와 활용형을 쓰시오.

① 夜(よ)ごとに人(ひと)をすゑて守(まも)らせければ… (伊勢物語)

[한국어역] 밤마다 사람을 두고 지키게 하였더니

② 人(ひと)をやりつつ求(もと)めさすれど、(大和物語)

[한국어역] 사람들을 계속 보내 찾게 했지만

③ 尋(たづ)ねしむれども、さらに知(し)りたる人なし。(今昔物語)

[한국어역] 탐문하게 했지만, 전혀 아는 사람이 없다.

④ いとこまやかに有様(ありさま)問(と)はせ給(たま)ふ。(源氏物語)

[한국어역] 매우 자세히 어떻게 된 일인가를 하문하셨다.

⑤ 御船(みふね)すみやかに漕(こ)がしめたまへ。(土佐日記)

[한국어역] (신이시어) 배가 속도 높여 나아갈 수 있도록 하여 주시옵소서.

⑥ 古今(こきん)の歌(うた)二十(はた)巻(まき)みなうかべさせ給(たま)ふを。(枕草子)

[한국어역] 고킨슈의 노래 20권을 모두 암송하실 것을

(12) 기타 (상대 시대의 조동사)

상대 시대에만 보이던 조동사들이 있다.

ゆ·らゆ

중고 시대에는 자발(自発), 수동(受動), 가능(可能)의 조동사로서 る·らる가 사용되었으나 상대에는 ゆ·らゆ가 주로 사용되었다. '보이다'의 뜻의 고어형 見ゆ, '들리다'의 뜻인 聞こゆ 등의 ゆ는 이 조동사에서 기인한다. 또한, 이 조동사의 흔적은 현대어에서의 연체사 あらゆる, いわゆる 등의 형태로 남아있다. ゆ는 4단, ナ변, ラ변동사의 미연형에 붙고, らゆ는 그 이외 동사의 미연형에 붙는다. 또한, ゆ·らゆ는 하2단활용을 한다.

기본형	미연형	연용형	종지형	연체형	이연형	명령형
ゆ	え	え	ゆ	ゆる	○	○
らゆ	らえ	○	○	○	○	○

① 자발

瓜(うり)食(は)めばこども思(おも)ほゆ 栗(くり)食(は)めばましてしぬはゆ。(万葉集)

[한국어역] 참외를 먹으니 (두고 온) 아이 생각이 난다. 밤을 먹으니 더욱 그리워지는구나.

思ほ·ゆ(おもはゆ의 음변화) : おもふ(4단)미연·ゆ(자발)종지 * 思ほゆ로 하2단동사이기도 하다.

しぬはゆ : 偲ふ(4단,그립다)미연·ゆ(자발)종지

② 가능

夜(よ)を長(なが)み寝(い)の寝(ね)らえぬにあしひきの山(やま)びことよめさを鹿(しか)鳴(な)くも (万葉集)

[한국어역] 밤이 길어 잠을 못 이루는데 산울림 되어 울려 퍼지도록 수사슴이 울고 있구나.

寝·の·寝·らえ·ぬ : い(명,잠)·の(격조)·ぬ(하2단)미연·らゆ(가능)미연·ず(부정)연체, とよめ : とよむ(하2 울리다)연용 * あしひきの : 마쿠라고토바 山를 이끌어 내기 위한 수사법

* さを鹿 : さ는 접두어 * 夜を長み : ~を+형용사 어간+み(원인·이유) ~가 ~해서

③ 수동

か行けば人に厭はえかく行けば人に憎まえ (万葉集)

[한국어역] 저리 가니 남들이 싫어하고, 이리 가니 남에게 미움받고…….

厭はえ：いとふ(4단)미연·ゆ(수동)연용, 憎まえ：にくむ(4단)미연·ゆ(수동)연용, 行く：ゆく(4단)이연·ば(접조), か：저쪽·저리 かく：이렇게·이리

す

す가 단독으로 존경의 조동사로 쓰이는 것은 상대 시대에 보일 뿐이다(お~になる.~なさる). 또 す는 4단동사와 결합하여 존경어의 구성요소가 된다. (思ふ+す→思ほす(생각하시다), 聞く+す→聞こす(들으시다, 말하시다) 등) す는 4단, サ행변격동사의 미연형에 붙으며, 4단활용을 한다.

기본형	미연형	연용형	종지형	연체형	이연형	명령형
す	さ	し	す	す	せ	せ

この丘に菜摘ます児家聞かな名告らさね (万葉集)

[한국어역] 이 언덕에서 나물 뜯고 계신 아가씨여, 집을 묻고 싶구려. 이름 좀 대주시구려.

摘ま·す：つむ(4단)미연·す(존경)연체, 告ら·さ·ね：のる(4단)미연·す(존경)미연·ね(종조, 소망)

藤波の花は盛になりにけり平城の京を思ほすや君 (万葉集)

[한국어역] 물결이 일 듯 등나무꽃이 만개하였네. 도읍지인 나라를 당신은 생각하시려나.

おもほす：おもふ(4단)미연·す(존경)종지→おもはす→おもほす

ふ

상대 시대에만 보이는 조동사로서, 어떤 동작, 작용이 반복되고 계속되는 의미를 나타낸다 (~しつづける.何度も~する). ふ는 4단동사의 미연형에 붙으며, 4단활용을 한다.

기본형	미연형	연용형	종지형	연체형	이연형	명령형
ふ	は	ひ	ふ	ふ	へ	へ

もみぢ葉(ぱ)の散(ち)ら<u>ふ</u>山べゆ漕(こ)ぐ舟(ふね)のにほひにめでて出(い)でて来(き)にけり (万葉集)

[한국어역] 단풍잎이 흩날리는 산 부근을 저어가는 배의 아름다움에 이끌려 여기까지 나와 버렸소.

散ら·ふ : ちる(4단)미연·ふ(반복)연체, ゆ(격조) ～에서, ～을 지나

제5장 조사(助詞)

조사는 단독으로 사용되지 않으며 활용하지 않는다. 조사는 독립된 단어에 부가되어 그 단어와 다른 말과와의 관계를 나타내기도 하며, 어떤 의미를 더해 주기도 한다. 조사는 역할에 따라서 격조사, 접속조사, 계조사, 부조사, 종조사, 감탄조사의 6가지로 분류한다.

1. 격조사(格助詞)

체언 또는 활용어의 연체형에 붙어서, 그 단어가 같은 문 중의 다른 말과 어떠한 관계인가를 나타낸다. 격조사에 의해 나타내는 관계는 3가지이다.

① 주어임을 나타낸다 : が の

② 연체수식어임을 나타낸다 : が の

③ 연용수식어임을 나타낸다 : に を へ と より から にて して

が·の

체언 또는 연체형에 붙는다. 현대어에서는 が는 주격조사, の는 연체격조사가 주된 용법이나, 고어에서는 구별 없이 が, の 모두 연체격조사와 주격조사로 사용되었다. 중세 이후에는 が는 주격조사로서, の는 연체격조사로서 용법이 세분화되어 현대어에 이른다. 현대어에서도 연체수식구 내에서 사용되는 の의 주격조사의 예 (花の咲く頃 : 꽃이 필 때)는 고어의 용법이 남은 것이라 하겠다.

① 주어임을 나타낸다.

こは誰(た)が置(お)きたるぞ。(宇治拾遺物語)

[한국어역] 이것은 누가 놓아둔 것인고.

その宮の生みたまへる子どもは，やがて武蔵といふ姓を得てなむありける。(更科日記)

[한국어역] 그 왕녀가 낳으신 자제들은 그대로 무사시라는 성을 얻고 살았다고 한다.

② 연체수식어임을 나타낸다.

さば、こは誰がしわざにか。(枕草子)

[한국어역] 그러면, 이것은 누구 짓인가?

京のたよりあるに、近江の守公忠の君の文をなむもて来たる。(大和物語)

[한국어역] 교토로부터의 소식이 왔는데, 오오미의 태수인 긴타다 공의 편지도 갖고 왔다.

二千人の人を竹取が家に遣す。(竹取物語)

[한국어역] 2천 명의 사람을 다케토리 옹 집으로 보내다.

③ 체언에 준하는 것으로 체언을 대신한다. 준체조사라고 보는 관점도 있다.

この歌はある人のいはく、柿本人麿がなり。(古今和歌集)

[한국어역] 이 노래는 어떤 사람이 말하기를, 가키노모토노히토마로의 노래이다.

鮒よりはじめて、川のも海のも、こと物ども、長櫃ににないつづけておこせたり。(土佐日記)

[한국어역] 붕어를 비롯해, 민물고기, 바다 생선, 그 외의 것들을 줄줄이 장궤에 짊어지어 갖다 주었다.

④ 동격을 나타낸다.

いとやむごとなき際にはあらぬが、すぐれて時めきたまふ、ありけり。(源氏物語)

[한국어역] 그다지 고귀한 신분이 아닌 분으로, 특별히 총애를 받으신 분이 있었다.

⋆やむごとなし : 빼어나다

夢(ゆめ)にいと清(きよ)げなる僧(そう)の、黄(き)なる地(ぢ)の袈裟(けさ)着(き)たるが来(き)て、(更科日記)

[한국어역] 꿈에 매우 아름다운 승려이자, 누런색 가사를 입은 승려가 와서,

Q&A 15

の, が는 고어에서 문법상의 구분이 애매한데, 이외에도 특이한 점이 있는지요?

☞ の, が의 용법의 구분은 문법적인 구분 이외에 경어상의 구분이 있었다고 봅니다. 즉, 상대 시대에는 大君(おほぎみ)(왕), 皇子(みこ)(왕자), 神(かみ)(신) 등 경의를 표해야 할 말에는 の를 붙이고, 君(きみ)(님), 妹(いも)(처, 님), 子(こ)(자식) 등 친애의 감정을 나타내는 말에는 が를 붙이고 있습니다. 중고 시대에도 왕이나 왕족, 고관 등 신분이 높은 사람들에게는 の를, 낮은 계급이나 관명을 사용하지 않을 경우에는 が를 사용하는 경향을 보입니다. 아래의 시가는 설화의 한 부분입니다. 여성이 자신에게 옷을 꿰매 달라고 옷을 던진 무사 さた에게 보낸 시가입니다. 여성이 무사 さた의 옷을 언급하는데 さたの라고 하지 않고 さたが로 격조사 が를 사용합니다. 이를 읽고 さた라는 무사는 자기 이름 さた에 の를 쓰지 않고 さたが라고 자신을 하대했다고 크게 화를 냅니다. 이는 당시의 の, が의 경어상의 구분을 말해 주는 유명한 일화입니다.

われが身(み)は竹(たけ)の林(はやし)にあらねどもさたが衣(ころも)を脱(ぬ)ぎかくるかな (宇治拾遺物語)

[한국어역] 내 몸은 대나무 숲이 아니건만 사타의 옷을 벗어 걸다니.

つ

체언에 붙는다. 연체수식어로 쓰였지만 한정적이었다. 주로 시간이나 장소를 나타내는 말 뒤에 붙었다(秋(あき)つ方(かた) : 때는 가을, 昼(ひる)つ方 : 낮 시간). つ의 어원을 한국어의 사이‘ㅅ’으로 보는 설이 있다.

あづま路(ぢ)の道(みち)のはてよりも、なほ奥(おく)つ方(かた)に生(お)ひ出(い)でたる人(ひと)、(更科日記)

[한국어역] 동해도길 저 먼 데보다도 더욱 외진 곳에서 태어난 사람(작가 자신).

に

체언 또는 활용어의 연체형에 붙는다.

① 때나 장소를 나타낸다.

細殿(ほそどの)に便(びん)なき人なむ、暁(あかつき)に傘(かさ)さして出(い)でける。(枕草子)

[한국어역] 왕궁 내전에 거기에 있어서는 안 될 사람(남자)이 새벽에 우산을 받쳐 들고 나갔다.

野山(のやま)にまじりて竹(たけ)をとりつつ、よろづのことにつかひけり。(竹取物語)

[한국어역] (노인은) 산과 들에 들어가 늘 대나무를 캐어, 여러 가지 일에 썼다.

② 동작의 대상과 목적을 나타낸다.

舟(ふね)に乗(の)りて帰(かへ)り来(き)にけり。(竹取物語)

[한국어역] 배를 타고 돌아왔다.

諸矢(もろや)をたばさみて的(まと)に向(む)かふ。(徒然草)

[한국어역] 쌍으로 된 화살 두 개를 손에 끼고 표적을 향했다.

③ 변화의 결과를 나타낸다.

母(はは)、尼(あま)になりて、同(おな)じ家(いへ)の内(うち)なれど、方(かた)ことに住(す)みはなれてあり。(更科日記)

[한국어역] 어머니는 비구니가 되어서, 같은 집 안이지만, 다른 처소에 떨어져 살고 있다.

④ 동작의 원인, 이유를 나타낸다.

なほ梅(うめ)のにほひにぞ、古(いにしへ)のことも立(た)ちかへり恋(こひ)しう思(おも)ひ出(い)でらるる。(徒然草)

[한국어역] 매화 향기에 옛일도 회상되고 그립게 생각이 떠오른다.

近き火などに逃ぐる人は「しばし」とや言ふ。(徒然草)

[한국어역] 근처의 화재 같은 것으로 도망치는 사람이 '잠시 기다려보자'라고 하겠는가.

⑤ 수동이나 사역의 대상을 나타낸다.

方弘は、いみじう人に笑はるる者かな。(枕草子)

[한국어역] 마사히로는 몹시도 사람의 비웃음을 사는 사람이구나.

下部に酒飲ますることは、心すべきことなり。(徒然草)

[한국어역] 아랫사람에게 술을 마시게 하는 일은 주의해야 할 일이다.

⑥ 비교의 기준을 나타낸다.

子の時ばかりに、家のあたり、昼の明さにも過ぎて、光りたり。(竹取物語)

[한국어역] 밤 자정쯤에 집 주변이 대낮의 밝기보다도 더 밝게 비치고 있다.

へ

① 동작의 방향을 나타낸다.

むかし、男、和泉の国へいきけり。(伊勢物語)

[한국어역] 예전에 (한) 남자가 이즈미 지방으로 갔다.

を

① 동작의 대상이나 목적을 나타낸다.

ほまれを愛するは、人の聞きをよろこぶなり。(徒然草)

[한국어역] 명예를 사랑하는 것은, 남의 평판을 기뻐하는 것이다.

② 이동의 기점이나 경과하는 장소, 때를 나타낸다.

男みな葦毛なる馬に乗りて海を渡りて行く。(宇治拾遺物語)

[한국어역] 남자들이 모두 잿빛 무늬의 말을 타고 바다를 건너간다.

* 葦毛 : 말의 털색, 하얀색에 검은빛이나 갈색 등이 섞인 털

と

① 동작을 함께 하는 상대를 나타낸다.

何事ぞや。童べと腹立ち給へるか。(源氏物語)

[한국어역] 무슨 일이죠. 어린애와 싸움을 하셨습니까?

② 변화의 결과를 나타낸다.

元の御かたちとなりたまひね。それを見てだに帰りなむ。(竹取物語)

[한국어역] 본래의 모습으로 돌아오십시오. 그 모습이라도 보고 돌아가겠소.

③ 병렬을 나타낸다.

白き鳥の、はしとあしと赤き、鴫の大きさなる、水の上に遊びつつ魚を食ふ。(伊勢物語)

[한국어역] 흰 새가, 주둥이와 다리가 빨간, 도요새 크기만 한 새가 물 위에서 노닐며 물고기를 잡아먹는다.

④ 인용을 나타낸다.

渡守、「はや船に乗れ、日も暮れぬ」といふに、(伊勢物語)

[한국어역] 뱃사공이, '빨리 배에 타라, 날도 저물었다'라고 하니

⑤ 비유를 나타낸다.

紅葉は雨と降るとも、水は増さらじ (古今和歌集)

[한국어역] 단풍은 비처럼 내려도 물은 불지 않겠지.

⋆ もみぢば : 와카에서 쓰는 계절 표현

より

① 장소나 시간의 기점을 나타낸다.

この男、人の国より夜ごとに来つつ、笛をいとおもしろく吹きて、(伊勢物語)

[한국어역] 이 남자, 다른 지방에서 밤마다 와서, 퉁소를 매우 정감있게 불어서,

朝より曇りて、昼晴れたり。(伊勢物語)

[한국어역] 아침부터 흐리더니, 낮에는 개었다.

② 수단, 방법을 나타낸다.

ことさらに徒歩よりと定めたり。(源氏物語)

[한국어역] 특별히 도보로 가기로 정해졌다.

③ 비교의 기준을 나타낸다.

蓮は、万づの草よりも、すぐれてめでたし。(枕草子)

[한국어역] 연꽃은 모든 화초보다도 빼어나게 아름답다.

④ 경유하는 장소를 나타낸다.

ところどころみやりてあしのなかよりこぎ行く。(蜻蛉日記)

[한국어역] (배를 타고) 여기저기 둘러보면서 갈대 숲속을 저어 간다.

から

① 장소나 시간의 기점을 나타낸다. から는 より와 용법이 비슷하지만, 중고 시대에는 より가 일반적으로 쓰였고 중세 시대부터 から가 많이 쓰이게 되었다.

男(をとこ)、馬(うま)からおりて、車(くるま)のもとに寄(よ)りて、「いづちとておはしますぞ」などいひければ、(平中物語)

[한국어역] 남자는 말에서 내려서 우차에 다가가서, '어디로 가십니까?'라고 말하니,

* 車 : 중고 시대의 車는 일반적으로 소가 끄는 가마(우차)를 말한다.

去年(こぞ)から山(やま)ごもりして侍(はべ)るなり。(蜻蛉日記)

[한국어역] 작년부터 산에 은둔하고 계십니다.

② 수단, 방법을 나타낸다.

徒歩(かち)からまかりて言(い)ひなぐさめはべらむ。(落窪物語)

[한국어역] (비가 오니) 걸어서 찾아뵙고 위로 말씀드릴 것입니다.

③ 경유 장소를 나타낸다.

月夜(つくよ)よみ妹(いも)にあはむと直路(ただぢ)からわれは来(き)つれども夜(よ)ぞふけにける (万葉集)

[한국어역] 달이 밝아서 임을 만나려고 지름길로 나는 왔지만, 밤이 깊어 버렸구나.

* よみ : 좋아서

にて

① 시간이나 장소를 나타낸다.

六月十余日にて、暑きこと世に知らぬほどなり。(枕草子)

[한국어역] 6월 열 며칠에, 덥기가 전혀 경험한 바가 없을 정도이다.

⋆ 世に~부정 전혀~

すべて、月影はいかなるところにても、あはれなり。(枕草子)

[한국어역] 달빛은 모두 어떤 곳에서나 정취가 느껴진다.

② 수단, 방법을 나타낸다.

舟にて渡りぬれば相模の国になりぬ。(更級日記)

[한국어역] 배로 건넜더니 사가미 지방이 되었다.

③ 원인, 이유를 나타낸다.

それを病にて、いと弱くなりたまひにけり。(竹取物語)

[한국어역] 그것으로 병을 얻으셔서, 매우 약해지셨다.

して

① 수단, 방법을 나타낸다.

白き蓮の花に笄の先して、かく書きつけて奉る。(うつほ物語)

[한국어역] 하얀 연꽃에 머리 장신구 뾰족한 끝으로 이렇게 써서 드린다.

② 동작을 함께 하는 상대의 수나 범위를 나타낸다.

あやしの男や。一人して、二人がものをば、いかでか持たるべきぞ。(枕草子)

[한국어역] 이상한 남자로구나. 혼자서 두 사람이 들 물건을 어떻게 들고 올 수가 있다는 것인지.

⋆ もたる : 들 수 있다(る는 가능의 조동사).

2. 접속조사(接続助詞)

접속조사는 활용어에 붙어서 앞의 문과 뒤의 문이 어떠한 관계로 이어지는가를 나타낸다. 접속 방법에 따라서 크게 조건접속과 단순접속의 두 가지로 나눈다.

① 조건접속 : 앞부분이 전제조건이 되는 것을 말한다. 뒤의 문에 따라서 순접과 역접으로 나눈다.

ⓐ 순접 : i. 앞으로 이루어질 것을 가정조건으로 하여, 뒤의 문이 이루어진다(가정조건).
: ば(미연형+ば)

ii. 이미 이루어진 것을 조건으로 하여, 뒤의 문이 이루어진다(확정조건).
: ば(이연형+ば) : に を

ⓑ 역접 : i. 앞으로 이루어질 것을 가정조건으로 하는데, 뒤에 그에 부합하지 않는 문이 온다(가정조건). : と とも

ii 이미 이루어진 것을 조건으로 하는데, 뒤에 그에 부합하지 않는 문이 온다(확정조건). : ど ども て が に を ながら ものの ものから ものを ものゆゑ

② 단순접속 : 조건을 나타내지 않고, 앞뒤의 문이 순서에 따라 자연스럽게 이루어진다.
が に を て して で つつ ながら

ば

① 활용어의 미연형에 붙을 때 : 순접의 가정조건을 나타낸다. (もし~ならば)

青色(あをいろ)を、ただ常(つね)に着(き)たらば、いかにをかしからむ。(枕草子)

[한국어역] 푸른색 옷을 그냥 항상 입는다면, 얼마나 멋있을까.

② 이연형에 붙을 때 : 순접의 확정조건을 나타낸다.(ので·から, ~と, ~たところ)

a. 항상적 조건 : 어떤 조건하에서는 언제나 그 일이 일어나는 경우

命(いのち) 長(なが)ければ恥多(はぢおほ)し。(徒然草)

[한국어역] 오래 살다 보면 의레 치욕도 많다.

財あれば恐れ多く貧しければ恨み切なり。(方丈記)

[한국어역] 재물이 있으면 근심이 많고 가난하면 한스러움이 절절하다.

b. 우연적 조건 : 어떤 조건 하에서 우연히 어떤 일이 일어나는 경우

川上の方より黄なる物流れ来て、物につきてとどまりたるを見れば、反故なり。(更科日記)

[한국어역] 강 상류에서 누런 것이 흘러와, 무언가에 걸려 멈춰있는 것을 보니 쓰다 버린 종이이다.

c. 원인·이유를 나타낸다.

楫取らの、「北風悪し」といへば、船出ださず。(土佐日記)

[한국어역] 선원들이 '북풍이 세다'고 하므로, 배를 출발시키지 않았다.

と·とも

활용어의 종지형(형용사에는 연용형)에 붙는다.

① 역접의 가정조건을 나타낸다. (たとえ~ても, ~たとしても)

千年を過ぐすとも、一夜の夢の心地こそせめ。(徒然草)

[한국어역] 천년을 지낸다 해도 하룻밤 꿈과 같은 마음이 들 것이다.

ど·ども

활용어의 이연형에 붙는다.

① 역접의 확정조건을 나타낸다. (けれども, ～が)

文を書きてやれども、返事もせず。(竹取物語)

[한국어역] 편지를 써 보내도 답장도 하지 않는다.

② 역접의 항상적 조건을 나타낸다. (~ても)

いかなる大事あれども人の言ふこと聞き入れず。(徒然草)

[한국어역] 어떤 큰일이 있어도 남이 하는 말을 받아들이지 않는다.

て

활용어의 연용형에 붙는다.

① 순접 확정조건을 나타내고, 그 원인, 이유를 나타낸다. (~ので)

さるべきゆゑありて、東山なる所へうつろふ。(更科日記)

[한국어역] 그럴 수밖에 없는 연유가 있어서 히가시야마에 있는 처소로 옮겼다.

② 역접 확정조건을 나타낸다. (~のに)

花の名は人めきて、かうあやしき垣根になむ咲き侍りける。(源氏物語)

[한국어역] (夕顔 : 박꽃) 꽃 이름은 사람 이름처럼 그럴듯한데, 이런 누추한 담에 피어 있답니다.

③ 단순한 접속을 나타낸다. (~て)

おもしろく咲きたる桜を、長く折りて、大きなる瓶に挿したるこそをかしけれ。(枕草子)

[한국어역] 사랑스럽게 피어 있는 벚꽃을 길게 잘라서, 큰 화병에 꽂는 것이야말로 멋스럽다.

して

활용어의 연용형에 붙는다. 단순접속을 나타낸다. (~て, ~で)

大方耳にも聞き入れずして漕ぎ出だす。(宇治拾遺物語)

[한국어역] (뱃사공은 승려의 태워달라는 소리에) 전혀 귀를 기울이지 않고 배를 띄웠다.

で

활용어의 미연형에 붙는다. 부정의 단순접속을 나타낸다 (~ないで). で는 부정의 ず+て→

ずて→で로 성립되었다고 본다.

薬も食はず。やがて起きもあがらで、病み臥せり。(竹取物語)

[한국어역] 약도 안 먹는다. 이윽고 일어나지도 못하고, 앓아누웠다.

なにとも知らで侍りしを。(枕草子)

[한국어역] 아무것도 모르고 있었는데요.

ながら

동사의 연용형이나 형용사의 어간 등에 붙는다. 또한 체언에 붙어서 '~그대로'라는 뜻을 나타낸다.

① 2가지 동작이 병행하여 행해지는 것을 나타낸다.

笛は、吹きながら、息のうちにて、かつ調べもてゆく物なれば、(徒然草)

[한국어역] 횡적은 불면서 호흡으로 또한 조율해가는 것이어서,

⋆ 調ぶ : 악기를 조율하다

② 역접의 확정조건을 나타낸다.

文やるに、憎からず返事はしながら、逢ふ事はなかりけり。(宇治拾遺物語)

[한국어역] 서한을 보냄에, 호감 가는 답서는 하면서도, 만나는 일은 없었다.

③ 동작, 상태가 그대로 지속된다는 뜻을 나타낸다.

頭中将は束帯ながらまゐりたまふ。(大鏡)

[한국어역] 도주조(관직명)는 조례에서의 정장 차림 그대로 참가하셨다.

⋆ 束帯 : 관리들이 조정에 나갈 때의 차림

一年(いっとせ)ながらをかし。(枕草子)

[한국어역] 일 년 내내 정취 있다.

つつ

활용어의 연용형에 붙는다.

① 2가지 동작이 병행하여 일어난다는 것을 나타낸다. (~ながら, つつ)

「御胸(みむね)をなむいみじく病(や)みたまひし」と泣(な)きつつ言(い)ふ。(落窪物語)

[한국어역] (시녀는 아가씨가) '몸(가슴)이 매우 편찮으십니다.'라고 울면서 말한다.

② 동작의 반복이나 계속을 나타낸다.

いたづらに日(ひ)を経(ふ)れば、人々(ひとびと)、海(うみ)を眺(なが)めつつぞある。(土佐日記)

[한국어역] 무료하게 나날을 보내니, 사람들은 바다를 멍하니 바라보며 지내고 있다.

が·に·を

활용어의 연체형에 붙는다.

① 역접의 확정조건을 나타낸다. (が, けれども, のに)

昔(むかし)より多(おほ)くの白拍子(しらびゃうし)ありしが、かかる舞(まひ)はいまだ見(み)ず。(平家物語)

[한국어역] 예부터 많은 무녀가 있었지만, 이런 춤은 아직 보지 못했다.

* 白拍子 : 무녀가 남장을 하고 추는 전통춤 또는 그 춤을 추는 무녀

かぐや姫(ひめ)、光(ひかり)やあると見るに、蛍(ほたる)ばかりの光だになし。(竹取物語)

[한국어역] 가구야히메는 빛이 있겠지 하고 보니, 반딧불만 한 빛조차 없다.

八重桜(やへざくら)は奈良(なら)の都(みやこ)にのみありけるを、このごろぞ世(よ)に多(おほ)くなりはべるなる。(徒然草)

[한국어역] 겹벚꽃은 도읍지 나라에만 있었는데, 이즈음은 세상에 많아진 것 같습니다.

② 순접의 확정조건을 나타낸다. (ので, から)

⋆ が는 이 용법이 없다.

涙のこぼるるに、目も見えず、ものも言はれず。(伊勢物語)

[한국어역] 눈물이 흐르니 눈도 보이지 않고 말도 할 수 없다.

わが弓の力は、強さを龍あらば、ふと射殺して、頸の玉は取りてむ。(竹取物語)

[한국어역] 내 활의 힘은 세서, 용이 있으면 휙 쏘아 죽이고 목의 구슬은 취하련다.

③ 단순접속을 나타낸다. (が, と, ところが)

那智の滝は、「熊野にあり」ときくが、あはれなるなり。(枕草子)

[한국어역] 나치 폭포는 구마노에 있다고 들었는데. 멋진 것 같다.

小野にまうでたるに、比叡の山のふもとなれば、雪いと高し。(伊勢物語)

[한국어역] (출가한 고레타카 왕자가 계신) 오노로 찾아뵙는데 히에산 기슭이어서 눈이 높이 쌓여있다.

⋆ 比叡山 : 시가현과 교토 북부에 걸쳐 있는 산

「夏山となむ申す」と申ししを、やがて繁樹となむつけさせ給へりし。(大鏡)

[한국어역] (다다히라 공이 성이 뭐냐고 물으셔서) 나쓰야마(여름 산)라고 말씀드렸더니, 곧 시게키 (나무가 무성하다)라고 이름을 지어주셨다.

もののㆍものからㆍものをㆍものゆゑ

형식명사 もの에 격조사 の, から, 접속조사 を, 형식명사 ゆゑ가 결합된 복합조사이다. 연체형에 붙어서, 역접 또는 순접의 확정조건을 나타낸다.

空蝉の世の人ごとの繁ければ、忘れぬもののかれぬべらなり (古今和歌集)

[한국어역] 세상 사람들의 말이 많아서, 잊지는 않았지만, 멀리하게 되는 것 같소.

⋆人ごと : 소문 ⋆空蝉の : 마쿠라고토바. 世를 끌어내기 위한 수사법 허무함을 연상.

いたましうするものから、下戸ならぬこそ男はよけれ。(徒然草)

[한국어역] (술잔을 받고) 난처해할지라도, 술 못 먹는 자는 아니어야 남자는 좋다.

春の野に若菜摘まむと来しものを散り交ふ花に道はまどひぬ。(古今和歌集)

[한국어역] 봄 들판에 풋나물을 캐려고 왔는데 흩날리는 꽃에 길을 잃고 말았네.

ことゆかぬものゆゑ大納言をそしり合ひたり。(竹取物語)

[한국어역] (부하들은 명령이) 납득이 되지 않아서 모두들 다이나곤을 비방하였다.

3. 계조사(係り助詞)

계조사는 여러 가지 단어에 붙어 강조, 의문, 반어(反語) 등의 의미를 더해준다. 또 계조사 중에는 호응하는 문말의 활용형을 특정 짓는 것이 있다. は, も는 문말과 특별한 호응을 하지 않고 종지형으로 맺는다. ぞ, なむ, や, か는 문말을 연체형으로 맺으며, こそ는 이연형으로 맺는다.

⋆ 호응법칙에 대해서는 p36의 ④ 참조

・강조를 나타낸다 : は も ぞ なむ こそ
・의문, 반어를 나타낸다 : や か

は

① 어떤 사물을 다른 것과 구별하여 특별히 언급한다.

夏はやまと撫子の、濃くうすく錦をひけるやうになむ咲きたる。(更科日記)

[한국어역] 여름에는 패랭이꽃이 진하게 또 옅게 비단을 깔아놓은 것처럼 핀다.

② 강조를 나타낸다.

あの隣(となり)の女(をんな)にはまさりて、子(こ)どもにほめられんと思ひて (宇治拾遺物語)

[한국어역] 그 이웃 여자보다는 뛰어나서, 아이한테 칭찬을 받으려고

名(な)をば、さぬきのみやつことなむいひける。(竹取物語)

[한국어역] (다케토리 옹은) 이름을 사누키 미야쓰코라고 하였다.

⋆ をば : をは(격조사 を+계조사 は)의 탁음화, を의 대상물을 は로 강조하는 것이다.

も

① 같은 성격의 것이 있다는 것을 나타낸다.

心(こころ)なしと見(み)ゆる者(もの)もよき一言(ひとごと)いふものなり。(徒然草)

[한국어역] 지각이 없어 보이는 사람도 (때론) 멋진 한마디 하는 법이다.

② 물건이나 사항의 병렬을 나타낸다.

すべて、なにもなにも、紫(むらさき)なるものは、めでたくこそあれ。花(はな)も、糸(いと)も、紙(かみ)も。(枕草子)

[한국어역] 그 무엇도 다, 보라색인 것은 참 아름답다. 꽃도, 실도, 종이도.

まことの人(ひと)は知(ち)もなく徳(とく)もなく功(こう)もなく名(な)もなし。(徒然草)

[한국어역] 진리를 깨달은 사람은 (세상에서 말하는) 지식도 없고 덕도 없고 공도 없고 명성도 없다.

③ 강조를 나타낸다.

かゝるほどに八月(はづき)にもなりぬれば、つれづれもなぐさめむとて、石山(いしやま)にまうでて (和泉式部日記)

[한국어역] 이렇게 해서 중추가절이 되니, 무료함을 달래고자, 이시야마 절에 참배하여,

ぞ

앞에 오는 말의 의미를 강조해 준다. 문중에 ぞ가 오면, 문말은 그에 호응하여 연체형으로 맺는다.

その煙、いまだ雲の中へ立ちのぼるとぞ、いひ伝へたる。(竹取物語)

[한국어역] (편지와 불사약을 태운) 그 연기는 아직도 구름 속으로 피어오른다고 전해진다.

なむ (なん)

앞에 오는 말의 의미를 강조해 준다. 문중에 なむ이 오면, 문말은 그에 호응하여 연체형으로 맺는다. なむ는 주로 회화체와 서간문에 쓰였다.

いみじう照るべき年は、春のはじめに、水なむ多く出づる。(枕草子)

[한국어역] (이 연못은) 심하게 가뭄이 드는 그런 해에는, 봄이 시작 될 때에 물이 많이 나온다.

や

의문, 반어의 의미를 더해준다. 문중에 や가 오면, 문말은 그에 호응하여 연체형으로 맺는다.

① 의문의 기분을 나타낸다.

郭公や聞きたまへる。(徒然草)

[한국어역] 두견새 우는 소리를 들으셨는지요?

② 반어(反語)의 뜻을 나타낸다.

さる事やはある。誠ならば不便なりける事かな。(宇治拾遺物語)

[한국어역] 그런 일이 있기야 하겠느냐. 정말이라면 곤란한 일이로구나.

か

① 의문의 기분을 나타낸다. 현대어에서는 의문의 조사 か는 문말에 오지만 고어에서는

문중에 온다. いづれ, いづく, いかで, なに, たれ 등 의문어가 있는 문에서 사용된다. 문중에 か가 오면, 문말은 그에 호응하여 연체형으로 맺는다.

この山(やま)の名(な)を何(なに)とか申(まう)す。(竹取物語)

[한국어역] 이 산 이름을 무엇이라 하는가?

花(はな)に鳥(とり)付(つ)けずとは、いかなる故(ゆゑ)にかありけん。(徒然草)

[한국어역] 꽃(조화)에 새가 안 붙은 것은 무슨 까닭이 있는 걸까?

② 반어(反語)의 뜻을 나타낸다.

なにせむにか命(いのち)もおしからむ。たが爲(ため)にか。何事(なにごと)も用(よう)もなし。(竹取物語)

[한국어역] 무엇을 하려고 목숨이 아깝겠는가(전혀 아깝지 않다). 누구를 위해서겠는가. 아무것도 필요 없다.

跡(あと)まで見(み)る人(ひと)ありとは、いかでか知(し)らむ。(徒然草)

[한국어역] (손님을 배웅한) 이후까지 지켜보는 사람이 있으리라고 어떻게 알겠는가(알 리가 없다).

※ 참조

や와 か는 문말에도 쓰인다. 의문·반어의 뜻을 나타낸다. や는 체언 또는 활용어의 종지형에 붙으며, か는 체언 또는 활용어의 연체형에 붙는다.

歌(うた)はうたふや。舞(まひ)などはするか。と問(と)ひもはてぬに (枕草子)

[한국어역] 시가는 읊기는 하는지? 춤 같은 것은 추는지? 하고 질문도 끝이 없는데,

そのとき悔(く)ゆとも、かひあらんや。(徒然草)

[한국어역] 그때(세상을 하직할 때) 후회한들, 소용이 있겠느냐(아니, 없다).

こそ

앞에 오는 말의 의미를 특히 강조해 준다. 문중에 こそ가 오면, 문말은 그에 호응하여 이연형으로 맺는다.

野分(のわき)のまたの日(ひ)こそ、いみじうあはれにをかしけれ。(枕草子)

[한국어역] 태풍이 지나간 다음 날은 아주 차분해서 좋다.

孝養(けうやう)の心なき者(ひ)も、子(こ)持(も)ちてこそ、親(おや)の志(こころざし)は思(おも)ひ知(し)るなれ。(徒然草)

[한국어역] 효심이 없는 사람도, 자식을 가지면, 부모 마음을 알게 되는 것이다.

4. 부조사(副助詞)

부조사는 체언, 활용어의 연체형, 조사 등 여러 가지 단어에 붙어서 정도, 첨가, 한정, 예시, 단순 강조 등의 의미를 더해 준다. 또 부사와 같은 역할을 하는 조사이므로 부조사(副助詞)라고 한다.

① 최소한 또는 대략, 한정 등의 정도를 나타낸다 : だに すら ばかり

② 첨가를 나타내어 의미를 더해준다 : さへ

③ 한정을 나타내어 강조한다 : のみ まで

④ 예시하거나 완곡하게 표현한다 : など

⑤ 단순한 강조의 용법이다 : し しも

だに

① 가벼운 사항을 들어서, 상태가 심하다는 것을 추측하게 한다. (さえ, せめて~だけでも)

五位(ごゐ)の供(とも)には、あやしの童(わらは)だになし。(宇治拾遺物語)

[한국어역] 5위의 관리의 시종으로는 비천한 동자조차도 없다.

② 최소한의 정도를 나타낸다.

われに今一(いまひと)たび声(こゑ)をだに聞(き)かせたまへ。(源氏物語)

[한국어역] 나에게 지금 한번 목소리만이라도 들려주십시오.

すら

① 한 가지 사항을 들어서, 그보다 정도가 심하거나 일반적인 것이 있음을 나타낸다 (さえも, でも)

聖(ひじり)などすら、前(さき)の世(よ)のこと夢(ゆめ)に見(み)るは、いと難(かた)かなるを、(更科日記)

[한국어역] 성인이라는 분들조차도 전생의 일을 꿈에 보는 것은 매우 어렵다는데,

* 難かなる : 형용사 かたし의 カリ활용 연체형의 ん음편(무표기)이다. かたかるなる→かたかんなる→かたかなる

さへ

어떤 사항 위에 더 첨가하는 뜻을 나타낸다. (その上に, ～までも)

いともの悲(かな)しと思(おも)ふに時雨(しぐれ)さへうちそそぐ。(十六夜日記)

[한국어역] 아 슬프다 여겨지는데 늦가을 비마저 내려 뿌린다.

ばかり

① 대략적인 시간, 수량, 정도 등을 나타낸다. (～くらい, ほど)

花(はな)のしなひ三尺六寸(さんしゃくろくすん)ばかりなむありける。(伊勢物語)

[한국어역] 꽃(등꽃)의 휘어진 꽃줄기가 3자 6치 정도 되었다.

② 특별히 그것만으로 한정하는 것을 나타낸다.

渡(わた)りし時(とき)は、水(みづ)ばかり見(み)えし田(た)どもも、みな刈(か)りはててけり。(更科日記)

[한국어역] (히가시야마에) 왔을 때는 물만 차 있어 보였던 논들도 모두 수확이 끝나 있었다.

* 渡る 가다 오다 지나치다

のみ

① 그것만을 한정하거나 강조하는 것을 나타낸다. (だけ, ばかり)

かぐや姫(ひめ)のみ御心(みこころ)にかかりて、ただ独(ひと)り住(す)みしたまふ。(竹取物語)

[한국어역] (왕은) 가구야히메만을 마음에 두시고, 다만 홀로 지내신다.

まで

① 동작의 한계나 한도를 나타낸다. (くらい, まで)

夜(よ)ふくるまで板(いた)の上(うへ)にゐて、冬(ふゆ)の夜(よ)なれば、身(み)もすくむ心地(ここち)す。(落窪物語)

[한국어역] 밤늦게까지 나무판 위에 앉아있으니, 겨울밤이어서 몸도 오그라드는 느낌이다.

② 정도를 나타낸다. (まで)

あさぼらけ有明(ありあけ)の月(つき)と見(み)るまでに吉野(よしの)の里(さと)に降れる白雪(しらゆき) (古今和歌集)

[한국어역] 희미하게 동틀 녘에 새벽녘 달로 보일 만큼 하얗게 요시노 고향에 내리는 백설.

など

① 같은 성격의 것 중에서 예를 들 때에 쓴다.

この泊(とまり)の浜(はま)には、くさぐさのうるわしき貝(かひ)、石(いし)など多(おほ)かり。(土佐日記)

[한국어역] 이 선착장 해변에는 가지가지의 아름다운 조개, 돌 같은 것이 많다.

* くさぐさ 갖가지

② 대략적으로 표현한다.

雨など降るも、をかし。(枕草子)

[한국어역] 비 같은 것이 내리는 것도 멋있다.

③ 인용을 나타낸다.

歌の道のみ、いにしへに変らぬなどいふこともあれど、いさや。(徒然草)

[한국어역] 시가의 길만은 예전과 다름없다고 하기도 하지만, 과연 그럴까?

し·しも

그 단어를 강조한다. し는 현대어에 해당하는 것이 없다. 계조사 も가 같이 쓰인 しも도 많이 쓰인다.

寒き夕は大和し思ほゆ (万葉集)

[한국어역] 추운 저녁에는 나라 지역이 생각난다.

今日しも端におはしましけるかな。(源氏物語)

[한국어역] 하필 오늘 바깥에 가까운 곳에 계시는구나.

5. 종조사(終助詞)

종조사는 문말에 붙어서 금지·소망·감동·강조 등의 의미를 더해 준다.

금지 : な そ

소망 : ばや なむ がな もが(な) もがも てしが(な) にしが(な)

감동 : な か かな かも は も

강조 : ぞ かし

な

금지를 나타내며 현대어에도 쓰인다(~な). 동사, 조동사의 종지형(ラ변동사에는 연체형)에 붙는다.

「外(ほか)に寄(よ)るな。とく走(はし)れ」とてやりつ。(宇治拾遺物語)

[한국어역] '다른 곳에 들르지 마라. 빨리 달려라.'라고 하며 보냈다.

そ

금지를 나타낸다(~な, ~ないでくれ). な만으로 끝나는 것보다 な~そ와 같이 호응하여 쓰는 것이 부드러운 느낌을 준다. 금지의 부사 な와 함께 동사의 연용형(カ변·サ변은 미연형)에 붙는다.

便(びん)なきこと。かくなせそ。やりのけよ。(大鏡)

[한국어역] (뉴도는 시종에게) 무엄하다. 이리해서는 아니 된다. 저리 비키거라.

何(なに)か射(い)る。な射(い)そ。な射そ。(大鏡)

[한국어역] 무엇 하러 쏘는가. 쏘지 마라, 쏘지 마라.

ばや

자신의 소망을 나타낸다(~たい, ~たいものだ). 동사·조동사의 미연형에 붙는다.

思(おも)ひ知(し)る人に見(み)せばや山里(やまざと)の秋(あき)の夜(よ)ふかき有明(ありあけ)の月(つき) (更級日記)

[한국어역] 운치를 아는 사람에게 보여주고 싶구나. 산골 마을의 깊은 가을밤 새벽달을.

なむ

상대가 어떤 일을 해 주기를 소망할 때에 쓴다(~てもらいたい, ~てほしい). 활용어의 미연형에 붙는다.

いつしか暮れななむとぞ思ふ。(平中物語)

[한국어역] 빨리 날이 저물었으면 좋겠다고 여겼다.

がな·もが·もがな·もがも

자신의 소망을 나타낸다(～がほしい, ～であればいい). 체언 등 다양한 형태에 붙는다.

あつぱれ、よからう敵がな。(平家物語)

[한국어역] 아 좋은 적을 만났으면 좋겠다.

足の音せず行かむ駒もが (万葉集)

[한국어역] 말발굽 소리를 내지 않고 가는 그런 말이 있었으면 좋을 텐데.

秋の日暮れにだに、心静かにもがな。(うつほ物語)

[한국어역] 가을날 해 질 녘에 마음이라도 평온했으면 좋겠다.

父母も花にもがもや (万葉集)

[한국어역] 아버지랑 어머니도 꽃이었으면 좋았을 텐데.

てしか(てしが)·てしかな(てしがな)·にしか(にしが)·にしかな(にしがな)

자기가 그렇게 하고 싶다는 소망을 나타낸다(～たい, ～てしまいたい). 활용어의 연용형에 붙는다. 상대에는 てしか, にしか였으나 중고 시대에 てしが, にしが와 같이 탁음화 되었다.

朝なさな上がるひばりになりてしか (万葉集)

[한국어역] 매일 아침 높이 날아오르는 종달새가 되고 싶구나.

⋆朝なさな : あさなあさな의 음변화

いかでこのかぐや姫を得てしかな見てしかな。(竹取物語)

[한국어역] 어떻게 해서라도 이 가구야히메를 내 것으로 얻고 싶구나, 결혼하고 싶구나.

⋆ 見る : 남녀가 만나다, 결혼하다

伊勢の海に遊ぶ海人ともなりにしか (後撰和歌集)

[한국어역] 이세의 바다에서 노니는 어부라도 되고 싶구나.

⋆ 遊ぶ : 헤엄치다

行く末に、この御堂の草木となりにしがな。(大鏡)

[한국어역] 이 다음에 이 법당의 초목이 되고 싶구나.

⋆ 行く末 : 미래, 장래

は·も

감동·감탄을 나타낸다(なあ, よ, ～ことよ). 체언 또는 활용어의 연체형에 붙는다. 상대 시대에는 흔히 はも, はや의 형태로 쓰였다.

光源氏ばかりの人は、この世におはしけりやは。(更科日記)

[한국어역] 히카루겐지와 같은 사람이 이 세상에 정말 계시기나 했던 걸까.

この夕かげにうぐひす鳴くも (万葉集)

[한국어역] 이 저녁 햇살 그늘에서 꾀꼬리가 우는구나.

か·かな·かも

감동, 감탄을 나타낸다(なあ, よ, ～ことよ). 체언, 활용어의 연체형에 붙는다.

川風の涼しくもあるか (古今和歌集)

[한국어역] 강바람이 그것 참 시원도 하구나.

あはれなる人を見つるかな。(源氏物語)

[한국어역] 멋있는 분을 보았구나.

天の原ふりさけ見れば春日なる三笠の山に出でし月かも (古今和歌集)

[한국어역] 하늘을 우러러보니 (떠 있는 달이), (고향인 나라 지방) 가스가에 있는 미카사 산에 뜬 달과 같구나.

な

감동, 감탄을 나타낸다(なあ, よ). 체언 또는 문말에 붙는다.

花の色はうつりにけりな (古今和歌集)

[한국어역] 꽃의 색이 변해 버렸구나.

ぞ

강한 단정, 의문을 나타낸다. 다짐을 받거나, 강조를 나타낸다(~のだよ, ~のか). 이는 계조사 ぞ의 문말의 용법으로 보기도 한다. 체언, 활용어의 연체형에 붙는다.

この鏡を、こなたにうつれる影を見よ。これ見ればあはれに悲しきぞ。(更科日記)

[한국어역] 이 거울을, 여기에 비추는 자태를 봐라. 이걸 보니 애절하게 슬프구나.

かし

다짐 또는 강조를 나타낸다(よ, ね). 문말에 붙는다.

詠みつべくは、はやいへかし。(土佐日記)

[한국어역] 시가를 읊을 거라면, 빨리 말해라.

6. 감탄조사(感嘆助詞)

감탄조사는 여러 가지 말에 붙어서 감동·강조의 기분을 나타내거나 어조를 강조하거나 한다. 일본의 학교문법에서는 간투조사(間投助詞)라 한다. 감탄조사로는 や, よ, を의 예가 보인다.

や·よ

① 감동을 나타내거나 상대방에게 다짐을 받는 듯한 느낌을 나타낸다(なあ, ことよ). 여러 가지 말에 붙는다.

霧(きり)もいと深(ふか)しや。(源氏物語)

[한국어역] 안개도 매우 짙구나.

たしかに我(われ)に具(ぐ)せんといふ誓言(ちかごと)立(た)てよ。(宇治拾遺物語)

[한국어역] 확실히 나를 따라오겠다는 약조를 하거라.

② 호칭에 붙여서 부를 때에 쓴다. (～よ)

あが君(きみ)や、いづ方(かた)にかおはしましぬる。帰(かへ)り給(たま)へ。(源氏物語)

[한국어역] 내 님이여, 어디로 가신 건가요. 돌아와 주시오.

少納言(せうなごん)よ、香炉峰(かうろほう)の雪(ゆき)いかならむ。(枕草子)

[한국어역] 쇼나곤이여, 향로봉의 눈은 어떨까.

を

어조를 강조하거나 가벼운 감동을 나타낸다(～よ, ～ね). 여러 가지 말에 붙는다.

萩(はぎ)が花(はな)散(ち)るなむ小野(をの)の露霜(つゆじも)にぬれてをゆかむさ夜(よ)は更(ふ)くとも (古今和歌集)

[한국어역] 싸리꽃이 지고 있을 들판을 서리에 젖어 가리라. 밤이 깊을지라도.

⋆ をの(小野) : 들판, を(小)는 접두어, さよ(小夜) : 밤. さ(小)는 접두어. 露霜 : 서리(이슬과 서리)

仰(おほ)せのことは、いとも尊(たふと)し。ただし、この玉(たま)、たはやすくえ取(と)らじを。(竹取物語)

[한국어역] 하시는 말씀은 매우 존귀합니다. 그러나, (용의 목에 달린) 이 구슬은 손쉽게 취할 수 없겠지요.

제6장 명사(名詞)

활용하지 않는 자립어로서 사물의 명칭을 나타내는 것을 명사라 한다. 명사는 그것만으로 주어가 될 수 있다. 명사는 체언(体言)이라고 하기도 한다.

1. 보통명사(普通名詞)

같은 종류의 물건에 공통적으로 쓰이는 이름을 말한다.

家(いへ)	夏(なつ)	雲(くも)	花(はな)
心(こころ)	寺(てら)	人(ひと)	

2. 고유명사(固有名詞)

특정한 인명·지명 등, 하나의 사물에만 쓰는 이름을 말한다.

京都(きやうと)	富士(ふじ)	紫式部(むらさきしきぶ)	源氏物語(げんじものがたり)

3. 수사(数詞)

사람이나 물건의 수량 또는 순서를 나타내는 것을 말한다.

ひとつ(一つ)	ふたり(二人)	みたび(三度)
よそぢ(四十)	いつもじ(五文字)	ななくさ(七草)

4. 형식명사(形式名詞)

명사의 실질적인 의미를 잃고 형식적으로 쓰이는 것을 말한다. 앞에 연체수식어와 함께 쓰인다.

こと　　もの　　ほど　　ゆゑ

万(よろづ)のことも、始(はじ)め終(を)はりこそをかしけれ。(徒然草)

[한국어역] 모든 일도 시작과 끝은 흥미롭다.

5. 대명사(代名詞)

사람이나 사물의 이름 대신으로 쓰이는 것을 말한다. 대명사에는 사람을 가리키는 인칭대명사, 물건·장소·방향을 가리키는 지시대명사가 있다. 지시대명사는 こ계열(근칭), そ계열(중칭), か계열(원칭)로 나눈다. 현대어에서는 この　その　あの　どの는 한 단어로서 연체사라고 하지만, 고어에서는 こ·そ·か·ど가 단독으로 쓰이며 주어가 되기도 한다.

(1) 인칭대명사(人称代名詞)

① 1인칭 (자칭)

あ　　あれ　わ　　われ　おのれ　　よ(予·余)

人(ひと)はみな春(はる)に心(こころ)を寄(よ)せつめりわれのみや見(み)む秋(あき)の夜(よ)の月(つき)　(更科日記)

[한국어역] 모두들 봄에 마음을 쏟은 것 같구나. 나만 홀로 가을밤 달을 봐야 할까.

② 2인칭 (대칭)

な　　なれ　なんぢ　　おのれ

汝(なむぢ)が持(も)ちてはべるかぐや姫(ひめ)奉(たてまつ)れ。(竹取物語)

[한국어역] 네가 데리고 있는 가구야히메를 (왕인 나에게) 바치거라.

③ 3인칭 (타칭)

か　　　かれ

かれは、何(なに)ごといふぞ。(枕草子)

[한국어역] 그는 뭐라고 하느냐?

④ 부정칭 (不定称)

た　　　たれ　　　なにがし　　それがし

極楽寺(ごくらくじ)のそれがしが、かくわづらはせ給(たま)ふ事、いみじう歎(なげ)き申(まう)して、(宇治拾遺物語)

[한국어역] 고쿠라쿠지의 아무개가, (호리카와 공이) 이렇게 병환이 드신 걸, 매우 안타깝게 여기어,

(2) 지시대명사(指示代名詞)

지시대명사에는 ① 사물 ② 장소 ③ 방향을 지시하는 것이 있다. 근칭과 중칭은 현대어와 비슷하지만, 원칭은 현대어에서는 あ계열이 사용되나 고어에서는 주로 か계열이 사용된다. 부정칭은 현대어에서는 ど계열이 사용되나 고어에서는 いづ~로 나타낸다.

	근칭	중칭	원칭	부정칭
사물	こ·これ	そ·それ	か·かれ あ·あれ	いづれ
장소	ここ	そこ	かしこ	いづこ·いづち いづく·いづら
방향	こち·こなた	そち·そなた	あち·あなた かなた	いづち いづかた

これをも捨(す)てず、かれをも取(と)らむと思(おも)ふ心に、かれをも得(え)ず、これをも失(うしな)ふべき道(みち)なり。(徒然草)

[한국어역] (바둑을 두는 사람이) 이것을 안 버리고, 저것을 취하고자 하는 마음에, 저것도 못 얻고, 이것도 잃고 말게 된다.

今はかしこにわたりたまひね。(落窪物語)

[한국어역] 지금은 저쪽으로 건너십시오.

おのれはとうとう、女(をんな)なれば、いづちへも行(ゆ)け。(平家物語)

[한국어역] 너는 어서어서, 여자이니, 어디에라도 (도망) 가라.

* とう : と(疾)く의 う음편, 빨리

제7장 부사(副詞)

자립어로서 활용이 없고 단독으로 연용수식어가 될 수 있는 것을 부사라고 한다. 부사는 그 성질에 따라 상태부사, 정도부사, 호응부사의 3종류로 분류된다.

1. 상태부사(状態副詞)

동작, 작용의 상태를 나타낸다. 주로 동사를 수식한다.

さと(휙, 와하고)	ふと(문득)	かく(이렇게)
かつて(전에)	やがて(그대로, 이윽고)	さ(그렇게)
つくづく(곰곰이)	あらかじめ(미리)	かねて(미리)
さばかり(그 정도로)		

春(はる)はやがて夏(なつ)の気(き)をもよほし、夏より既(すで)に秋(あき)は通(かよ)ひ、秋はすなはち寒(さむ)くなり、(徒然草)

[한국어역] 봄은 그대로인 채 여름의 기운을 품고 있고, 여름부터 이미 가을은 겹쳐 있고, 가을에는 금세 추워져서,

暁(あかつき)に、‥‥嵐(あらし)の、さと顔(かほ)にしみたるこそ、いみじくをかしけれ。(枕草子)

[한국어역] 새벽녘에, …폭풍우가 확 얼굴에 스며드는 것이야말로 참으로 정취가 느껴진다.

さばかり堪(た)へがたう恥(はづか)しかりし事(こと)こそなかりしか。(宇治拾遺物語)

[한국어역] 그토록 참을 수 없게 부끄러웠던 적은 없었다.

2. 정도부사(程度副詞)

성질이나 상태의 정도를 나타내는 것. 주로 형용사, 형용동사를 수식한다.

いと(매우)	あまた(많이)	いとど(한층)
ただ(딱, 단지)	なべて(대체로)	なほ(역시)
やや(다소간)	よに(매우)	

ただ一所深き山へ入り給ひぬ。(竹取物語)

[한국어역] 단지 혼자서 깊은 산에 들어가셨다.

夜ふけて、やや涼しき風吹きけり。(伊勢物語)

[한국어역] 밤이 깊어 좀 시원한 바람 불었다.

3. 호응부사(呼応副詞)

술어의 특정한 표현과 호응한다. 가정조건, 추량, 부정, 금지, 소망, 반어 등의 문의 여러 가지 서술 방식과 호응하여 사용되는 부사이다.

(1) 가정조건과 호응

たとひ(만일, 비록)	もし(어쩌면)	よし(비록)

たとひ耳鼻こそ切れ失すとも。(徒然草)

[한국어역] 비록 귀와 코가 잘려 없어진다 해도

もし心にかなはぬことあらば、やすくほかへ移さんがためなり。(方丈記)

[한국어역] 만일 마음에 안 드는 일이 있다면, 손쉽게 다른 곳으로 옮기려고 생각하기 때문이다.

(2) 추량과 호응

おそらく(아마)　　けだし(아마)　　さだめて(필시)

よも(설마:부정추량과 호응)

この御社の獅子の立てられやう、さだめて、習あることに侍らむ (徒然草)

[한국어역] 이 신사의 사자상이 세워져 있는 모습(등 돌리고 있는)이, 필시, 이유가 있겠지요.

よも起きさせ給はじとて、臥しはべりにき。(枕草子)

[한국어역] 설마 일어나지 않으시겠지, 하고 잠들고 말았습니다.

(3) 부정과 호응

あへて(전혀)　　いささか(전혀)　　え(제대로～않다)

おほかた(조금도)　　さらに(전혀, 결코)　　たえて(조금도)

つゆ(조금도, 전혀)　　よに(결코)　　をさをさ(그다지)

入道殿は、つゆさる御気色もなくて、私の従者をば具しさぶらはじ。(大鏡)

[한국어역] 뉴도(미치나가) 공은 전혀 그런 내색을 안 하시고, '나의 시종들은 데리고 오지 않을 것이오.'

さらに え許させたまはず。(源氏物語)

[한국어역] 결코 용서하지 않으시다.

(4) 금지와 호응

な(～동사의 연용형～そ, ～지 말라)　　ゆめゆめ(절대로)

人(ひと)に、な語(かた)りたまひそ。(枕草子)

[한국어역] 다른 사람에게 말씀하시지 마십시오.

ただこの山に我(われ)ありといふ事をゆめゆめ人に語(かた)るべからず。(宇治拾遺物語)

[한국어역] (사슴은) 다만 이 산에 내가 있다는 것을 절대로 다른 사람에게 말해서는 안 됩니다.

(5) 소망과 호응

いかで(어떻게든)　　　　いつしか(좀~했으면)

世(よ)の中(なか)に物語(ものがたり)といふもののあんなるを、いかで見(み)ばやと思(み)ひつつ、(更級日記)

[한국어역] 세상에 모노가타리라는 것이 있다는데, 어떻게 해서든 보고 싶다고 생각하며,

* ものがたり(物語) : 중고에서 중세에 걸쳐 작성된 산문 문학작품집

いつしか梅(うめ)咲(さ)かなむ。(更科日記)

[한국어역] 빨리 매화가 피었으면.

(6) 의문, 반어와 호응

あに(어찌)　　　　いかが(어찌)　　　　いかで(어찌)

など(어찌)

いざ、かぐや姫(ひめ)、穢(きたな)き所(ところ)に、いかでか久(ひさ)しくおはせむ　(竹取物語)

[한국어역] 자, 가구야히메, 지저분한 곳에 어찌 오래 계시렵니까?

제8장 연체사(連体詞)

체언을 수식하는 연체수식어로서 활용을 하지 않는 자립어를 연체사라고 한다.

あらゆる(모든)	あらぬ(의외의)	ある(어떤)
いはゆる(소위)	往んじ(지난)	かかる(이런)
来たる(오는)	さしたる(그 정도의)	させる(대단한)
さる·さんぬる(지난)		

ある時には、海の貝を取りて命をつぐ。(竹取物語)

[한국어역] 어떤 때는 바다의 조개를 주어서 목숨을 연명한다.

さしたることなくてひとのがり行くは、よからぬことなり。(徒然草)

[한국어역] 이렇다 할 일 없이 남의 처소에 가는 것은 좋지 않은 일이다.

* がり(許) : 처소(로)

제9장 접속사(接続詞)

문(文)과 문(文)을 연결시켜 문의 전후 관계를 의미상에서 명확하게 해주는 역할을 한다. 접속사는 자립어로서 활용하지 않는다. 접속사는 전·후 문의 관계에 따라 순접과 역접, 내용의 첨가, 나열, 보충, 화제의 전환 등으로 나타난다.

1. 순접

순접관계를 나타낸다.

されば(그러니까)	しかれば(그러니까)	かかれば(그러니까)
さらば(그러면)	しからば(그러면)	すなはち(그래서·즉)

和歌(わか)ひとつづつ仕(つか)うまつれ。さらば許(ゆる)さむ (紫式部日記)

[한국어역] 와카를 한 수씩 읊어보아라. 그러면 용서하겠다.

焼(や)かせ給(たま)ふに、めらめらと焼けぬ。「さればこそ。異物(ことも)の皮(かは)なりけり」 と言(い)ふ。(竹取物語)

[한국어역] (불에 던져) 태우시니 훨훨 타버렸다. (가구야히메는) '역시나, 다른 가죽이었다'고 말한다.

2. 역접

역접관계를 나타낸다.

かかれど(그러나)　さりながら(그렇지만)　さるに(그런데)

されど(그러나)　さるは(그래도)　さりとも(그렇다 해도)

されども(그러나)　しかれども(그러나)　しかるに(그런데)

五穀を断ちて、千余日に力をつくしたること、すくなからず。しかるに、禄いまだ賜はらず。(竹取物語)

[한국어역] 먹을 것도 제대로 못 먹고, 천여 일 동안 힘을 쏟은 일이 적지 않았소. 그런데, 보수를 아직도 못 받았소.

川中へおち入りぬ。されどもちっとも水にもおぼれず。(平家物語)

[한국어역] 강으로 떨어졌다. 그러나 조금도 물에도 빠지지 않았다(거북이들이 등을 대고 있어서).

3. 첨가

앞의 내용에 대해 다른 것을 더해 준다.

かつ(게다가)　しかして(그리고)　しかも(게다가)

なほ(더욱·역시)

あはれ、さるめりと思ひながら、なほ、誤りもこそあれと怪しむ人あり。(徒然草)

[한국어역] 아, 그런 것 같다고 거짓을 눈치챘으면서도, (나) 역시 잘못이 있을지도 모른다고 생각하는 사람도 있다.

ゆく河の流れは絶えずして、しかももとの水にあらず。(方丈記)

[한국어역] 흘러가는 강물은 마르지 않고, 더구나 원래의 물이 아니다.

4. 나열

앞의 것과 같은 자격으로 나열한다.

および(및)　　　　　　　　ならびに(및)　　　　　　　　また(또)

あるいは(또는)

もし五色(ごしき)のかせぎ尋(たづ)ねて奉(たてまつ)らん者(もの)には、金銀(きんぎん)、珠玉等(しゅぎょくとう)の、ならびに一国等(いっこくとう)を賜(た)ぶべし (宇治拾遺物語)

[한국어역] 만일 5색 사슴을 찾아 헌상하는 자에게는, 금은, 주옥 등과 더불어 한 지방을 주실 것이다.

月(つき)のころは、寝(ね)おどろきて見出(みい)だすに、いとをかし。闇(やみ)もまた、をかし。(枕草子)

[한국어역] 만월일 때는 (달이 밝아서) 문득 잠이 깨어 밖을 내다보는 것도 풍취가 있다. 캄캄한 밤도 또한 좋다.

5. 보충

앞의 내용을 보충하거나 설명을 더해준다.

ただし(그렇지만·단)

通俊(みちとし)の卿(きゃう)、よろしく詠(よ)みたり。ただし、けれ、けり、けるなどいふ事は、いとしもなきことばなり。(宇治拾遺物語)

[한국어역] 미치토시 공이 말하길, '잘 읊었다. 그렇지만, けれ, けり, ける 같은 것은, 별로 좋지 않은 말들이다.

⋆ いとしも~부정 : 별로~

6. 전환

앞의 문을 받아서 화제를 바꾸거나 새로운 화제를 꺼낼 때 쓴다.

さて(그런데)　　　　　　　　　　そもそも(대체로)

「さて、いづら、歌は」と問はせたまへば、「かうかう」と啓すれば、(枕草子)

[한국어역] '그런데 시가는 어땠느냐?' 라고 물으셔서, '이러 이러했다'라고 (중궁께) 아뢰니,

そもそも、歌の様、六つなり。(古今和歌集)

[한국어역] 대저 노래의 양식은 여섯이다.

제10장 감탄사(感嘆詞)

자립어로서 활용을 하지 않는다. ①감동을 나타낼 때 ②말을 걸 때 ③응답할 때의 표현이다. 감탄사는 화자의 기분을 직접 나타내는 것이므로 회화체에 쓰이며 감탄사만으로 하나의 문이 될 수도 있다. 감탄사는 일본어 문법에서는 흔히 감동사(感動詞)라고 한다.

1. 감동

ああ(ああ)　あっぱれ(ああ)　あな(ああ)

あはれ(ああ)　あら(ああ)　すは(あっ)

や(あれっ)　やや(おやまあ)

あはれ、いと寒(さむ)しや。(源氏物語)

[한국어역] 아, 너무 춥구나.

家主(いへぬし)のいふやう、「やや、ここの父(てて)のそのかみより、おのれは生(お)ひたちたる者(もの)ぞかし」(宇治拾遺物語)

[한국어역] 주인이 말하기를, '허 참, 우리 부친 당시부터, 너는 여기서 성장한 자이렷다.

2. 말을 걸 때

いかに(おい·やあ)　いざ(さあ)　いで(さあ)

なう(もしもし·ねえ)

いかに佐々木殿(ささきどの)、高名(かうみやう)せうどて不覚(ふかく)したまふな。(平家物語)

[한국어역] 어이, 사사키공, 공을 세우겠다고 잘못 판단하여 실수하지 마십시오.

* せう : せむ(す의 미연형+의지의 조동사)의 음 변화

いで、聞(き)きたまふや。歌一首(うたいっしゅ)つくりてはべり。(大鏡)

[한국어역] 자, 들어 보시겠습니까. 시를 한 수 지었습니다.

3. 응답

いさ(さあ)　　いで(いや)　　いな(いや)

を(はい)　　おう(はい)　　おうおう(はいはい)

えい(はい)

この近江(あふみ)の君(きみ)。こなたにと召(め)せば、「を」といとけざやかに聞(き)こえて、出(い)で来(き)たり。(源氏物語)

[한국어역] '오오미님이여, 이리로'라고 부르시니, '네'하고 매우 낭랑하게 대답 올리고, 나타났다.

* けざやかなり : 확실하다

いで、さもはべらず。(大鏡)

[한국어역] 아니, 그렇지 않습니다.

제11장 경어(敬語)

1. 경어란 무엇인가?

경어라는 것은 화자가 이야기할 때 청자 또는 화제로 삼고 있는 화제상의 인물에게 경의를 나타내는 것을 말한다. 고전 작품에 나타나는 경어는 화자 또는 필자가 화제의 인물에 대해 경어를 쓰는 경우와 이야기의 상대, 즉 청자 또는 글을 읽는 독자에게 경어를 쓰는 경우가 있다. 여기에서는 화자(화자 또는 필자), 청자(청자 또는 독자)로 나타낸다.

현대 일본어의 경어 사용은 이야기를 듣고 있는 청자를 최우선적으로 배려한다. 이를 상대경어법이라 칭하기도 한다. 그러나 고어의 경어는 절대적인 조건을 정해놓고 그 조건을 충족시키면 경어를 사용하였다. 이러한 경어법을 소위 절대경어라 칭한다. 고어에서는 신분에 따라서 경어 사용에 차이를 보여 왕에게는 최고의 경어를, 왕족에게는 다음 단계의 경어, 귀족에게는 가벼운 경어를 쓰는 등 경어를 구별하여 사용하였다. 왕이 스스로를 높이는 자경표현도 보인다. 또, 화자는 청자와 화제의 인물과의 신분의 상하관계도 고려하여 경어를 사용하였다.

(1) 경어의 분류

고어의 경어는 크게 두 종류로 나눌 수가 있다.

① 화제의 인물에 대한 경의를 나타내는 경우 : 존경어, 겸양어

② 청자를 고려하거나 청자에 대해 직접적인 경의를 표하는 경우 : 정중어(정중어1, 정중어2)

- 존경어 : 화제의 인물의 동작이나 상태를 높여서 표현함으로써 그 인물에 대해 경의를 표하는 것.
- 겸양어 : 화제의 인물의 동작이나 상태를 낮추어 표현함으로써 동작의 대상에게 경의를 표하는 것

· 정중어1 : 화제의 인물에 대한 직접적인 경어 표현이 아니라 화자가 정중한 언어 선택을 함으로써 분위기를 품위 있게 만드는 것. 현대어에서는 미화어라 칭하기도 한다.

· 정중어2 : 화제의 인물에 대한 경의와는 별도로, 화자가 청자에 대해 직접적인 경의를 표하는 것. 현대어의 です·ます에 해당한다. 현대어에서는 청자경어라 칭한다. 본서에서는 정중어 1과 정중어 2를 따로 구분하지 않고 정중어로 취급한다.

(2) 경어의 구성요소

일본어 고어에 있어서의 경어는 여러 가지 표현 형태로 나타난다. ① 특정한 어형의 명사에 의한 표현 ② 인칭대명사에 의한 표현 ③ 특정한 접두어에 의한 표현 ④ 특정한 접미어에 의한 표현 ⑤ 용언을 경어형으로 하는 표현 등이 있다.

① 특정한 어형의 명사

帝(みかど) (왕)　　上(うへ)(왕, 주군)　　御身(おんみ)(당신)

君(きみ)(왕, 주군)　　大君(おほきみ)(왕)　　大神(おほかみ)(신)

御霊(みたま)(영혼)

② 인칭대명사

1인칭	あ　あれ　わ　われ(我)　おのれ　よ(余)
2인칭	な　なんぢ(汝)　いまし　みまし
3인칭	か　かれ
부정칭	た　たれ　なにがし　それかし

③ 특정한 접두어

· 존경의 접두어

御寮(人)(귀인의 자제)　御衣(귀인의 옷)　御明かし(신불에 바치는 등불)
御座(왕, 귀인의 처소)　大御(신, 왕에 관한 말에 붙는 접두어)
大御酒(신, 왕에게 바치는 술)　大御言(왕의 말씀)

• 겸양의 접두어

愚案(내 생각)　幣帛(공양물)　小身(낮은 신분) 등

④ 특정한 접미어

• 존경의 접미어

殿 : 귀족의 직명이나 이름에 붙이는 존칭, 中将殿
卿 : 귀족의 이름에 붙이는 존칭, 式部卿
君 : 인명이나 관명에 붙이는 존칭, 光君, 母君(모친)
御 : 친밀한 사람에 붙이는 가벼운 존칭, 父御(부친, 아버님)

• 겸양의 접미어

をとめら ((아가씨)에 대해 친애하는 뜻, 또는 비하할 때에 쓰임)
法師め (승려를 낮추어 말함)

2. 용언의 경어형

경어 표현은 여러 가지 형태로 나타내지만, 주로 동작을 나타내는 동사를 경어형으로 함으로써 나타낸다. 동사의 경어형은 존경어와 겸양어, 정중어로 분류한다. 특정한 경어 형태를 사용하기도 하며, 부가 형식으로 경어조동사 또는 경어보조동사를 첨가하여 경의를 나타낸다. 주된 일본어 고어 동사의 존경어와 겸양어의 어형을 아래의 표로 정리하였다.

<table>
<tr><th>보통어(고어)</th><th>존경어</th><th>겸양어</th></tr>
<tr><td>与ふ(주다)
やる(~에게 주다)
くる(~가 주다)</td><td>⋆たま(給·賜)ふ
たま(給·賜)はす
た(賜·給)ぶ</td><td>⋆たてまつ(奉)る
⋆まゐらす</td></tr>
<tr><td>言ふ(말하다)</td><td>のたま(宣)ふ
のたま(宣)はす</td><td>⋆き(聞)こゆ
⋆き(聞)こえさす
⋆まう(申)す
そう(奏)す
けい(啓)す</td></tr>
<tr><td>思ふ(마음에 두다)</td><td>おも(思)ほす　おぼ(思)す
おもほしめす　おぼしめす</td><td></td></tr>
<tr><td>あり(있다)
ゐる(있다)</td><td rowspan="2">⋆おはす
⋆おはします
⋆ます
⋆います</td><td>⋆はべ(侍)り
⋆さぶら(候)ふ</td></tr>
<tr><td>行く(가다) 来(오다)</td><td>まゐ(参)る
まう(詣)づ
まかづ
まかる</td></tr>
<tr><td>見る(보다)</td><td>ごらん(御覧)ず</td><td></td></tr>
<tr><td>聞く(듣다)</td><td>き(聞)こす
き(聞)こしめす</td><td>うけたまは(承)る</td></tr>
<tr><td>食ふ(먹다)
飲む(마시다)</td><td>き(聞)こす·き(聞)こしめす
たてまつ(奉)る
まゐ(参)る
め(召)す</td><td>た(食)ぶ
たう(食)ぶ</td></tr>
<tr><td>呼びよす(가까이 부르다)</td><td rowspan="3">め(召)す</td><td rowspan="3"></td></tr>
<tr><td>着る(입다)</td></tr>
<tr><td>乗る(타다)</td></tr>
<tr><td>す(하다)</td><td>あそばす</td><td>つか(仕)へまつる
つか(仕)うまつる</td></tr>
<tr><td>受く もらふ(받다)</td><td></td><td>たま(給·賜)はる</td></tr>
<tr><td>寝(자다)</td><td>おほとのごも(大殿籠)る</td><td></td></tr>
<tr><td>治む(다스리다)</td><td>し(知)ろしめ(召)す
き(聞)こす·き(聞)こしめす</td><td></td></tr>
</table>

⋆ 표시는 보조동사로도 쓰이는 존경어, 겸양어이다.

(1) 존경어

존경어는 화제의 인물의 동작이나 상태를 높여서 표현함으로써 그 인물에 대해 경의를 표하는 것이다.

1) 특정어형의 존경어

たま(給.賜)ふ·たま(給.賜)はす

'주다'의 뜻의 존경어이다. たまふ는 4단동사이다. たまはす는 존경어 たまふ의 미연형+す(존경의 조동사)로 이루어진 것으로 たまふ보다 경의도가 높다.

式部(しきぶ)の省(しゃう)の試(こころ)みの題(だい)をなずらへて、御題賜(だいたま)ふ。(源氏物語)

[한국어역] 시키부 부서의 시험문제 제목에 준해서, 문제를 주셨다.

⋆ 式部(省) : 조정의 의식, 교육, 문과 채용 등을 담당한 부서

朝廷(おほやけ)よりも多(おほ)くの物(もの)たまはす。(源氏物語)

[한국어역] 조정으로부터도 많은 물건을 하사하셨다.

Q&A 16

고전에서 たまふ는 한자도 일정하지 않고, 해석도 애매한 경우가 있는데요?

☞ i. 존경어 たまふ는 4단동사로서 회화체와 서간문에서 주로 사용되었습니다. 기본적인 의미는 '높은 사람이 아랫사람에게 물건을 주시는' 동작입니다.

ii. 보조동사로 사용된 존경어 たまふ는 현대어에도 남아있습니다. 현대어에서의 기본형은 たもう이며, 명령형 たまえ는 강한 느낌을 주는 경우에 씁니다.

현대어의 예 : うらみを忘(わす)れしずまりたまえ。(もののけ姫)

[한국어역] 모쪼록 원한을 잊으시고 노여움을 푸시옵소서. (원령공주)

のたま(宣)ふ·のたま(宣)はす

'말하다' 의 뜻의 존경어이다. のたまふ는 '말하다'는 뜻의 宣る의 연용형 のり+존경어 たまふ로 이루어진 のりたまふ의 음변화로 생긴 존경어이다. のたまはす는 のたまふ의 미연형 のたまは에 존경의 조동사 す가 부가된 것으로 のたまふ보다 경의가 높다. 다음의 예는 지위가 더 높은 藤原의 언행에는 のたまはす, 그보다 지위가 낮은 大納言의 언행에는 のたまふ가 사용된 예이다.

入道殿、「かの大納言、いづれの船にか乗らるべき」とのたまはすれば、「和歌の船に乗りはべらむ」とのたまひて、よみたまへるぞかし、(大鏡)

[한국어역] 뉴도(후지와라 미치나가)가 '그 다이나곤은 어느 배를 타셔야 하는가'하고 말씀하시자, (다이나곤이) '와카의 배를 타겠습니다'라고 말씀하시며 와카를 읊으셨다.

＊乗ら·る：のる(4단)미연·る(존경 조동사)연체, よみ·たまへ·る：詠む(4단)연용·たまふ(4단, 존경보조)명령·り(완료)연체

おぼ(思)す·おも(思)ほす·おぼ(思)しめす·おも(思)ほしめす

'생각하다' '마음에 두다'의 뜻의 존경어이다.

おぼす는 思ふ의 미연형 おもは+す(존경의 조동사)로 이루어진 おもはす가 음 변화를 일으켜서 생긴 존경어이다. おぼしめす는 존경어 おぼす와 존경어 めす의 결합으로 2중경어가 되어 경의가 높다.

かぐや姫少しあはれとおぼしけり。(竹取物語)

[한국어역] 가구야히메는 좀 안됐다고 생각하셨다.

上のいつしかとゆかしげにおぼしめしたる事限りなし。(源氏物語)

[한국어역] 왕께서 빨리 (신생아 왕자를) 보러 가고 싶다고 생각하심은 더 말할 여지가 없다.

おはす·おはします·ます·います

'있다' '가다' '오다' 의 뜻의 존경어이다. ます·います는 주로 상대 시대에 쓰였으며, 중고

시대에는 おはす·おはします가 주로 쓰였다.

翁(おきな)いふやう、「我朝(われあさ)ごと夕(ゆふ)ごとに見る竹(たけ)の中(なか)におはするにて知(し)りぬ。」(竹取物語)

[한국어역] 옹이 말하기를, "이 몸이 조석으로 보는 대나무 안에 (가구야히메가) 계시어 알게 되었소."

「今日(けふ)は、ほかへおはします」とて、わたりたまはず。(枕草子)

[한국어역] 오늘은 다른 곳으로 가신다고 하시니, 오지 않으십니다.

右大將(うだいしやう)の宇治(うぢ)へいますること、なほ絶(た)えはてずや。(源氏物語)

[한국어역] 우다이쇼(가오루)가 우지에 가시기를 아직도 계속하시는가.

ごらん(御覧)ず

'보다'의 뜻의 경의가 높은 존경어이다. 왕이나 왕비의 행동에 쓰였다.

人(ひと)の、草仮名(さうがなか)書きたる草子(さうし)など、取(と)り出(い)でて御覧(ごらん)ず。(枕草子)

[한국어역] (왕비는) 누군가의 소가나로 쓰인 서책 등을 꺼내 들고 보신다.

Q&A 17

소가나(草仮名)는 히라가나(平仮名)와 다른 것인가요?

☞ 草仮名(そうがな)는 한자를 흘려서 쓴 초서체입니다. 소가나(草仮名)를 더욱 단순화하여 한자의 원형에서 탈피한 것이 히라가나(平仮名)입니다. 위의 예로서 枕草子가 쓰여진 중고 시대는 아직 히라가나가 정착되기 전임을 알 수 있습니다.

き(聞)こす·き(聞)こしめす

'듣다' '먹다' 의 뜻의 존경어이다. 그 외에 '다스리다'의 존경어로도 사용되었다. 상대 시대에 쓰이던 존경어이나 예는 많지 않다. 聞こす는 聞く의 미연형 聞か+す(존경의 조동사)로 이루어진 존경어 聞かす가 음변화한 것이다. 聞こしめす는 존경어 聞こす와 존경어 めす의 결합으로 2중경어를 이루어 경의가 높은 존경어이다.

顔かたちよしと聞し召して、御使ひを賜びしかど、(竹取物語)

[한국어역] (왕은, 가구야히메의) 용모가 뛰어나다고 들으시고, 사자를 보내셨지만,

ひろげて御覧じて、いとあはれがらせたまひて、物もきこしめさず、(竹取物語)

[한국어역] (서한을) 펴보시고 매우 슬퍼하시며, 아무것도 안 드시고,

たてまつ(奉)る

‘입다’ ‘타시다’ ‘드시다’ 의 뜻의 존경어이다. 본래는 ‘드리다’의 뜻의 겸양어이었으나 존경어로 전용된 것이다.

いと暑しや。これより薄き御衣奉れ。(源氏物語)

[한국어역] 몹시 덥군요. 이젠 얇은 옷을 입으시죠.

ともあれかくもあれ、夜の明けはてぬさきに、御舟に奉れ (源氏物語)

[한국어역] (겐지공이여) 여하튼 날이 밝기 전에 배를 타십시오.

一人の天人言ふ、壺なる御薬奉れ。(竹取物語)

[한국어역] 하늘나라의 사자 한 사람이 (가구야히메에게) 말하기를, 단지에 든 약을 드십시오.

まゐ(参)る

‘먹다’ ‘마시다’의 뜻의 존경어이다. 본래는 겸양어이었으나 존경어로 전용된 것이다.

御物まゐるほどにや、箸、匙などとりまぜて鳴りたる、をかし。(枕草子)

[한국어역] (방문 밖에서 들으니) 식사를 드시는 것일까요. 젓가락 숟가락들이 부딪치는 소리가 나는 것이 재미있다.

ほかにて酒などまゐり、酔ひて、(大和物語)

[한국어역] 밖에서 술을 드시고, 취해서.

め(召)す

'타다, 입다, 먹다, 마시다, 가까이 부르다' 의 뜻의 존경어이다. めす는 다른 경어동사와 결합하여 경의를 높여주는 역할을 하기도 한다.

人びと皆、御船に召す。(平家物語)

[한국어역] 사람들이 모두 배에 타신다.

しのび入りて、人見ぬ廊に、御直衣ども召して (源氏物語)

[한국어역] 몰래 들어가서, 사람 눈을 피하여 복도에서 평복을 가져오게 하시어 갈아입으시고

重秀申すやう、「冬は湯漬、夏は水漬にて物を召すべきなり」(宇治拾遺物語)

[한국어역] (주나곤 아사히라공에게 의사)시게히데가 말씀드리기를, (살을 빼시려면) '겨울엔 오차즈케, 여름엔 밥을 물에 말아서 드셔야 합니다.'

今日はわざとの文人も召さず、ただその才かしこしと聞こえたる学生十人を召す。(源氏物語)

[한국어역] 오늘은 정식 가인들을 부르시지 않고 단지 재능이 있다고 알려진 학생 10명을 부르셨다.

あそば(遊ば)す

'하다'의 뜻의 존경어이다. 본래는 '사냥하다' '악기를 연주하다'의 뜻이었으나 '노래를 짓다' '하다'의 존경어로 쓰이게 되었다.

帥殿の南院にて人々集めて弓あそばししに、この殿渡らせたまへれば (大鏡)

[한국어역] 고레치카공이 남원에 사람들을 모아놓고 활쏘기 대회를 하셨을 때에 미치나가공이 나타나셔서

* 帥殿 : 중고 시대의 귀족인 후지와라 고레치카(藤原伊周)를 칭함.
* 院 : 南院, 후지와라 미치다카(藤原道隆. 伊周의 부친이자, 미치나가공의 형) 저택

おほとのごも(大殿籠)る

'자다'의 뜻의 존경어이다.

端つ方の御座に、仮なるやうにて御殿籠れば、人々も静まりぬ。(源氏物語)

[한국어역] (겐지 공이) 가장자리 쪽의 침상에서 선잠을 자듯이 주무시니, 사람들도 조용해졌다.

し(知)ろしめ(召)す

'알다, 다스리다'의 뜻의 존경어이다.

親しき家司ども具して、知ろしめすべきさまどもの給ひ預く。(源氏物語)

[한국어역] (쇼나곤에게) 친한 집사들을 붙여서, 관리하셔야 할 방법 등을 말씀하시어 맡기셨다.

2) 보조동사로 사용된 존경어

존경어인 동사가 다른 보통어 동사의 뒤에 붙어서 그 동사에 존경의 의미를 부가하는 역할을 한다. 중고 시대에 활발하게 사용된 존경 보조동사는 たまふ이며, ~ます,~おはす.~おはします의 예가 있다.

~たま(給.賜)ふ

다른 동사에 붙어서 존경어 형식을 만들어 주는 현대어의 お~になる.お~なさる에 해당하는 것과, 동작을 지시, 의뢰하는 ~해 주십시오 (~てくださる)에 해당하는 것이 있다.

「子になりたまふべき人なめり」とて、手にうち入れて、家へ持ちて来ぬ。(竹取物語)

[한국어역] '내 자식이 되셔야 할 사람인 것 같소'라며 손에 넣어 집에 갖고 왔다.

一つには、御手をならひたまへ。(枕草子)

[한국어역] 첫째로는 습자를 배우시오.

~おはす·~おはします, ~ます·~います

다른 동사에 붙어서 존경어형식을 만든다. '-하고 계시다'의 뜻의 현대어 ~ていらっしゃる에 해당한다.

大将いとわびしう聞きおはす。(源氏物語)

[한국어역] 다이죠(겐지)는 매우 흥 없이 듣고 계셨다.

人もあまた率ておはしまさず、(竹取物語)

[한국어역] 수하의 사람들도 많이 대동하시지 않으시고,

をこなりと見てかく笑ひいまするが、恥づかし　(枕草子)

[한국어역] 어리석다고 생각하여 이렇게 웃고 계시니 민망하다.

3) 존경의 조동사

る·らる

る·らる의 존경어로서의 용법은 중고 시대에 처음 나타난다. る·らる가 나타내는 경의는 높지 않다.

大井の土民に仰せて、水車を造らせられけり。(徒然草)

[한국어역] 오오이의 주민에게 명하시어, 물레방아를 만들게 하셨다.

中納言、「あれは何する僧ぞ」と尋ねらるるに (宇治拾遺物語)

[한국어역] 주나곤이 '저 사람은 무얼 하는 승려인고?'라고 물으시니

す·さす·しむ

조동사 す·さす·しむ는 사역의 용법 이외에 존경의 용법으로 사용되는데, 중고 시대에는 단독으로 존경어로 사용되는 일은 없었다. す·さす·しむ는 たまふ, おはします와 같은 존경

의 보조동사와 결합하여 최고 수준의 존경어로 표현된다. 이를 최고경어라고 한다.

せ(させ·しめ)給ふ, せ(させ·しめ)おはします

⋆ 예문은 최고경어 참조 (p240)

(2) 겸양어

겸양어는 화제의 인물의 동작이나 상태를 낮추어 표현함으로써 동작의 대상에게 경의를 표하는 것으로 여러 가지 표현 형태로 나타난다.

1) 특정어형의 겸양어

たてまつ(奉)る·まゐ(参)らす

'주다'의 뜻의 겸양어이다. たてまつる는 상대 시대에, まゐらす는 중고 시대부터 쓰였다.

何をかたてまつらむ。まめまめしき物は、まさなかりなむ。ゆかしくしたまふなる物をたてまつらむ(更科日記)

[한국어역] 무엇을 드릴까요. 실용적인 것은 마음에 안 들겠죠. 갖고 싶다고 하셨다는 것(겐지모노가타리 50권)을 드리지요.

壷の薬そへて、頭中将呼び寄せて、奉らす。(竹取物語)

[한국어역] 단지의 약을 곁들여서 도주조를 불러 왕께 드렸다.

き(聞)こゆ·き(聞)こえさす·まう(申)す

'말하다'의 뜻의 겸양어이다. 申す는 상대 시대부터 쓰이고 있었으나, 聞ゆ, 聞えさす는 중고 시대부터 쓰였다. 그 외에 왕(간혹 상왕)에게 말씀드리는 뜻으로 쓰이는 특정 겸양어 奏す와, 왕비, 동궁 등에게 말씀드리는 뜻으로 쓰이는 특정 겸양어 啓す가 있다. (참조 p241 절대경어)

ただ今まかづるを、聞ゆべきことなむある。(枕草子)

[한국어역] 지금은 물러가옵니다만, 말씀드려야 할 일이 있습니다.

かの祖母(おば)に語(かた)らひ侍(はべ)りて、きこえさせむ。(源氏物語)

[한국어역] 그 조모에게 상의하여 말씀드리게 해야지.

また事(こと)の由(よし)を申(まう)さではと思(おも)ひて、この由(よし)を申(まう)すなり。(宇治拾遺物語)

[한국어역] (고을의 장에게 승려들이) 또 일의 연유를 말씀드리지 않으면 안 되겠다 생각해서, 이 연유를 말씀드리는 것입니다.

はべ(侍)り·さぶら(候)ふ

'있다, 모시다'의 뜻의 겸양어이다.

女(むすめ)、ただ一人(ひとり)侍(はべ)りし、亡(う)せて (源氏物語)

[한국어역] 제 딸이 한 명 있었습니다만, 세상을 떠나서,

そこにまたふた夜(よ)さぶらふに、いみじう酔(ゑ)ひにけり。(大和物語)

[한국어역] (왕을 모시고 가서) 거기에서 또 이틀 밤을 모시니, 매우 취했다더군.

まゐ(参)る·まう(詣)づ·まかづ·まかる

'가다, 오다, 참배하다, 자리를 뜨다'의 뜻의 겸양어이다. 参る는 '~을 드리다' 또는 '가까이서 봉사한다'는 뜻으로도 쓰였다.

いみじくやむごとなく清(きよ)らなる女(をんな)のおはするに参(まゐ)りたれば、風(かぜ)いみじう吹(ふ)く。(更科日記)

[한국어역] (꿈에) 눈에 띄게 아름다운 여인이 계신 곳을 찾아뵈었는데, 바람이 몹시 분다.

げにあやしきことなりとて、一人(ひとり)はまうでて、かかる事なむと申(まう)す。(源氏物語)

[한국어역] 실로 이상한 일이라며, (고승) 한사람이 참배하며 이러한 일이라고 말씀드린다.

一人して取りにまかりなむ。(枕草子)

[한국어역] 혼자서 (옷)을 가지러 갔다 오겠습니다.

うけたまは(承)る

'듣다'의 뜻의 겸양어이다.

そのよし承りて、士どもあまた具して山へ登りけるよりなん、その山をふじの山と名付けける。(竹取物語)

[한국어역] 그 명령을 받들어 병사들을 많이 이끌고 산에 올라간 데에서, 그 산을 후지산이라 명명했다고 한다.

* 富士山 명명의 유래 : 병사가 많이 올랐던(豊富한 士) 산(山)이라는 데에서 왔다고 함.

た(食)ぶ

'먹다', '마시다'의 뜻의 겸양어이다. 음식물을 상위자로부터 받아서 먹는 행위이다.

御仏供の下ろしたべむと申すを、(枕草子)

[한국어역] 부처님 공양 물린 것을 먹자고 말하는데

仕(つか)へまつる·仕(つか)うまつる

'귀인의 옆에서 모시다', '하다'의 뜻의 겸양어이다. つかうまつる는 つかへまつる의 う음편(音便)이다.

むかし、男ありけり。童より仕うまつりける君、御髪おろしたまうてけり。(伊勢物語)

[한국어역] 예전에 한 남자가 있었다. 어릴 때부터 모셨던 주군이 출가해 버리셨다.

たま(給·賜)はる

'받다'의 뜻의 겸양어이다. たまはる는 상위자의 행동을 받는 입장의 겸양어이다. 상위자

에 사용하는 '주시다'는 뜻의 존경어 たまふ에 수동을 나타내는 조동사 る가 붙어서 '받다'는 뜻의 겸양어 たまはる가 되었다.

禄いまだ賜はらず。(竹取物語)

[한국어역] 일한 보수를 아직 못 받았소.

2) 보조동사로 사용된 겸양어

~たてまつ(奉)る·~まう(申)す·~きこ(聞)ゆ·~きこ(聞)えさす·~まゐ(参)らす

현대어의 お~申しあげる, お~する, お~いただく, ~ていただく, ~てさしあげる에 해당한다. 보조동사로서의 申す, 奉る는 상대 시대부터 쓰이고 있었다. 聞ゆ, 聞えさす는 중고 시대 중기에는 많이 쓰였으나 중고 시대 말기가 되어서는 まゐらす가 대신 쓰이게 되었다.

身を捨てて額をつき、祈り申すほどに、(更級日記)

[한국어역] (부처에게) 혼신의 힘으로 (몸을 던지고 이마를 땅에 대고) 발원하니,

わが丈立ち並ぶまで養ひたてまつりたるわが子を、何人か迎へ聞こえむ (竹取物語)

[한국어역] 내 키와 나란히 설 정도로 키워드린 내 자식을 누가 모시러 온다는 겁니까?

げに「いかならむ」と思ひまゐらする御けしきにはあらで、(枕草子)

[한국어역] 정말 어떠신지 헤아려 볼 분위기가 아니어서,

(3) 정중어

고대 경어의 특징은 높여야 할 상대에 대해 경의를 표하기 위해 존경어를 사용하던가 겸양어를 사용하는 두 가지의 용법밖에 없었다. 그러나 점차로 존경어, 겸양어 이외에, 정중한 표현을 함으로서 화자 자신의 품위를 나타내거나(정중어 1), 이야기를 듣는 청자에 대해 직접적인 경의를 표하게 된다(정중어2).

1) 정중어 1

본래는 겸양어인데, 겸양어의 의미는 약해지고 단순히 표현을 품위 있게 하는 용법이다. 이러한 동사들로는 申す, 参る, はべり, 候らふ가 있다. 이러한 용법을 현대어에서는 미화어라 칭하기도 한다.

申す

かの白く咲けるをなむ夕顔と申し侍る。(源氏物語)

[한국어역] 저 하얗게 핀 꽃을 박꽃이라고 합니다.

むかし、西院の帝と申すみかどおはしましけり。

[한국어역] 옛날에 사이인 왕이라는 왕이 계셨습니다. (伊勢物語)

参る

などかく遥かに後れては参るぞ。御旅籠馬などは常に先だつこそよけれ。(宇治拾遺物語)

[한국어역] 어째서 이렇게 늦게 왔느냐? 여행에 필요한 용품을 운반하는 말은 항상 앞에 서는 것이 좋다.

侍り

なほ一重梅をなん軒近く植ゑられたりける。京極の屋の南むきに、今も二本侍るめり。(徒然草)

[한국어역] (뉴도 주나곤은) 또 홑꽃 매화를 처마 가까이 심으셨다더군. 교토 동쪽 끝 처소 남쪽으로 지금도 두 그루가 있는 것 같던데.

さぶらふ

いかなるところにか、この木はさぶらひけむ。(竹取物語)

[한국어역] 어떤 곳에 이 나무가 있었던 것일까.

2) 정중어2 (=청자경어)

화제의 인물에 대한 경의와는 별도로, 화자가 청자에 대해 직접적인 경의를 표하는 것으로, 현대어의 です, ます에 해당한다. 현대어에서는 청자경어라 칭한다. 이러한 용법은 중고시대에 이미 경의가 저하되어 보조동사로 사용된 はべ(侍)り·さぶら(候)ふ가 그 역할을 하고 있다.

> 山(やま)の錦(にしき)は、まだしう侍(はべ)りけり。野(の)べの色(いろ)こそ、盛(さかり)にはべりけれ。(源氏物語)
>
> **[한국어역]** 산의 단풍은 아직 이릅니다. 들판의 (단풍)색은 지금이야말로 한창입니다.

> 更(ふ)けさぶらひぬ。御帳(みちやう)に入(い)らせ給(たま)へ。(狭衣物語)
>
> **[한국어역]** 밤이 깊었습니다. 처소에 드십시오.

3. 고어에서의 특별한 경어 용법

(1) 최고경어

왕이나 왕비 등으로 최고 지위에 있는 사람의 동작을 나타낼 때에 특별한 경어를 사용한다. 이때 경의를 높이기 위해서 존경의 す·さす·しむ에 존경의 보조동사 たまふ 또는 おはします를 결합시켜서 2중경어로 사용한다. 이를 최고경어라 한다.

せ(させ·しめ)給ふ, せ(させ·しめ)おはします

> 上(うへ)も、笑(わら)はせ給(たま)ふ。(枕草子)
>
> **[한국어역]** 왕도 웃으시다.

> この入道殿(にふだうとの)、世(よ)にすぐれ、抜(ぬ)けいでさせ給(たま)へり。(大鏡)
>
> **[한국어역]** 이 뉴도님(미치나가공)은 더없이 훌륭하고 빼어나시었다.

> 用意(ようい)して候(さぶら)へ、便(びん)なき事(こと)もあらば、重(おも)く勘当(かんだう)せしめ給(たまふ)べきよしなん仰事侍(おほせごとはべり)つれば、(源氏物語)

[한국어역] 조심해서 지키시게. 곤란한 일이라도 생기면, 엄하게 벌하시겠다는 취지의 말씀이 있으시니.

はやおはしまして、夜ふけぬさきに帰らせおはしませ (源氏物語)

[한국어역] 빨리 오셔서, 밤 늦기 전에 돌아가시옵소서.

(2) 절대경어

고전에서는 신분이라는 절대적인 조건에 의해 경어 사용이 이루어졌다. 특히 왕이나 왕비 등 특정한 상대에 대해서만 사용되던 겸양어가 있다. '말하다'의 뜻의 겸양어 奏す는 왕(간혹 상왕에게도)에게 '아뢰다'라는 뜻으로 쓰였고, 왕비, 왕자 등에게는 啓す라는 특정 겸양어를 사용하였다.

そう(奏)す

かぐや姫をえ戦ひとめずなりぬること、こまごまと奏す。(竹取物語)

[한국어역] (신하는 왕에게) 가구야히메를 싸워서 지킬 수 없었던 일 등을 자세히 아뢰었다.

けい(啓)す

「よきに奏したまへ」「啓したまへ」など言ひても、得たるはいとよし、得ずなりぬるこそ、いとあはれなれ。(枕草子)

[한국어역] '(왕에게) 어떻게 좀 잘 아뢰어 주십시오, (중궁에게) 말씀드려 주십시오'와 같이 말해도, 관직을 얻은 사람은 매우 좋지만, 못 얻은 사람은 그야말로 보기 딱하다.

(3) 자경표현(自敬表現)

자기 자신의 행동에 존경어를 쓰거나 자신에 대한 상대방의 행동에 겸양어를 쓰거나 해서 자기 자신을 높이는 경어법을 자경표현이라고 한다. 고어에서 최고의 계급에 있는 사람의 경어에 나타나는데 주로 회화체에서 예가 보인다. 다음의 예는 자경표현의 예이다. 왕은 자신의 행동에 聞めして(들으시고), 賜びしかど(주셨는데)와 같이 존경어를 쓴다. 한편, 상대방인 다케토리옹의 행동에는 겸양어 たてまつれ(바치거라)를 씀으로써 자신을 높이고 있다.

汝(なんぢ)が持(も)ちて侍(はべ)るかぐや姫(ひめ)たてまつれ。顔(かほ)かたちよしと聞(きこ)しめして、使(つかひ)を賜(た)びしかど……(竹取物語)

[한국어역] (왕이 말씀하시길) 네가 데리고 있는 가구야히메를 내게 바치거라. 용모가 뛰어나다고 (왕인 내가) 들으시고, 사자를 보내셨는데,

(4) 2방면 경어(겸양+존경)

겸양어와 존경어를 같이 나타내는 것이다. 일본어의 현대어의 경어는 청자 위주의 경어 사용을 한다. 화제의 인물이 화자 쪽 사람이면 낮추고 청자 쪽 사람은 높인다. 그러므로 겸양어와 존경어가 같이 사용되는 일은 많지 않다. 그러나 신분의 상하관계가 확실하던 시대에는 신분에 따른 경어 사용을 했으므로 동작주와 동작대상을 동시에 높이는 경어 사용을 했다. 이때 순서는 항상 <겸양어+존경어>로서 순서가 바뀌는 일이 없었다. 이것을 흔히 양방향으로 경의를 표한다고 하여 2방면경어, 중층경어라고 칭한다.

다음은 竹取物語의 예들이다. 竹取物語의 작가는 가구야히메에 대해서는 존경어 給ふ를 써서 높이고 있다. 또한, 가구야히메의 왕에 대한 행동은 겸양어 申す, 奉る를 씀으로서 왕을 높이고 있다. 즉, 작가는 가구야히메와 왕 두 쪽에 모두 경의를 나타내고 있다.

(かぐや姫は) おほやけに御文(おんふみ)奉(たてまつ)りたまふ。(=さしあげなさる)

[한국어역] (가구야히메는)왕에게 편지를 올리시다.

【부록 1】
혼동하기 쉬운 조동사, 조사의 구분

단어	품사	구분의 기준이 되는 사항	용례
が	격조사	체언에 붙는다. ① 주격을 나타낸다. ② 연체격을 나타낸다.	人麿**が**詠みたる歌などを思ふに、 히토마로가 읊었던 시가 등을 생각하니, まろ**が**身をば、いかがせむとかする 이내 신세를 어떻게 할까.
		연체형에 붙는다. 이 경우 조사 が 앞에 체언(형식명사)이 생략되었다고 본다.	葉のいみじうこまかに小さき**が**、をかしきなり。 잎이 매우 섬세하고 작은 것이 귀엽다.
	접속조사	연체형에 붙는다. 앞뒤의 사항을 접속시켜 준다.	双六を打ちける**が**、多く負けて、 주사위 놀이를 하는데, 대부분 져서,
けれ	조동사(과거) けり의 이연형	연용형에 붙는다. ① 접속조사 ば, ど(も)의 앞에 접속한다. ② 앞에 계조사 こそ가 올 때의 문말형태이다.	西塔に人住み**けれ**ども、祟りなかりけり。 (히에산)사이토에 사람이 살아도 저주가 없었다. これは龍のしわざにこそあり**けれ** 이건 용의 짓이구나.
	형용사이연형의 일부	형용사 이연형의 활용어미이다. ① 접속조사 ば, ど(も)의 앞에 접속한다. ② 앞에 계조사 こそ가 올 때의 문말형태이다.	飼ひける犬の、暗**けれ**ども主を知りて、 키우던 개가 어두워도 주인을 알아보고 青色の淵こそをかし**けれ** 푸른 빛깔의 깊은 못이야말로 정취 있다.
	カ행4단동사 명령형+조동사(완료) り의 이연형	カ행4단 명령형에 붙은 조동사 り의 이연형이 ① 접속조사 ば, ど(も)의 앞에 접속한다. ② 앞에 계조사 こそ가 올 때의 り의 이연형 문말형태이다.	咲かざりし花も咲**けれ**ど、 안 피던 벚꽃도 피었는데 花こそ咲**けれ**。<咲け(4단)명령+り(완료)이연> 꽃이 피었다.
し	조동사(과거) き의 연체형	연용형에 접속한다.	いと思ひの外なり**し**事なり。 전혀 예상치 못했던 일이다.
	サ변동사의 연용형	サ행변격동사 す의 연용형이다.	草の根を食物と**し**き。 풀뿌리를 끼니로 하였다.
	부조사	강조의 의미를 나타낸다. 제외해도 문의 의미에 변화는 없다.	待つと**し**聞かば今帰り来む 기다린다고 들으면 이제 돌아올 거야.

しか	조동사(과거) き의 이연형	연용형에 접속한다. ① 접속조사 ば, ど(も)의 앞에 접속한다. ② 앞에 계조사 こそ가 올 때의 문말형태이다.	さきざきも申さむと思ひ**しか**ども、 전부터 말씀드리려고 생각했지만 さることをこそ聞き**しか**。 그런 말을 들었다.
	조동사(과거) き의 연체형 +계조사 か	과거의 조동사 き의 연체형 し에 의문의 계조사 か가 접속한 것이다. 과거의 의문을 나타낸다.	かかることのいつぞやあり**しか**と覚えて 이런 일이 언젠가도 있었던가 하고 생각하시고
	소망의 종조사 てしか, にしか의 일부	문말에 쓰여 소망을 나타내는 종조사 てしか, にしか의 구성요소이다.	いかでこのかぐや姫を得て**しか**な、見て**しか**なと、 어떻게 해서든 이 가구야히메를 갖고 싶다, 결혼하고 싶다고,
して	격조사	체언에 접속하여 수단, 방법 등을 나타낸다.	片手**して**我を引きさげて堂の縁の下に据ゑつ。 한 손으로 나를 끌어내서 법당 처마 밑에 두었다.
	サ변동사 す의 연용형+접속조사 て	체언에 접속하여 복합동사를 만든다.	同じ心ならん人としめやかに物語**して**、 마음 맞는 사람과 친밀하게 이야기를 나누고,
		독립된 동사 す의 연용형에 접속조사 て가 접속한 것이다.	例のことども**して**、昼になりぬ。 평상시의 일들을 하면서, 한낮이 되었다.
	접속조사	연용형에 접속한다.	その後いくばくの年を経ず**して**、病つきて、 그 후, 몇 해 지나지 않아서, 병들어,
せ	サ변동사 す의 미연형	サ변동사 す의 미연형이다.	起きも**せ**ず寝も**せ**で夜をあかしては 깨어있는 것도 아니고, 잠을 자는 것도 아니고 밤을 세워서는
	조동사(사역.존경)す의 연용형 + 존경어동사	뒤에 給ふ, おはす 등의 존경어 동사와 함께 사용되어 최고의 경어를 나타낸다.	上も、笑は**せ**給ふ。 왕도 웃으시다.
たり	조동사(완료) たり의 연용형, 종지형	연용형에 접속한다. たり의 연용형과 종지형은 형태가 같다.	万づの事知り**たり**ければ、 여러 가지 일을 알고 있어서, 「あれ射よ。」と命じ**たり**。 '저걸 쏴라'하고 명했다.
	조동사(단정) たり의 연용형, 종지형	체언에 접속한다. たり의 연용형과 종지형은 형태가 같다.	清盛公いまだ安芸の守**たり**し時、 기요모리공이 아직 아키 지방의 수령이었던 때에,
	タリ형동의 연용형, 종지형의 일부	タリ형용동사의어간은 무게감 있는 한자어이다.	松吹く風索々**たり**。 소나무 가지 사이로 부는 바람이 쌩쌩하고 울린다.

て	조동사(완료) つ의 미연형, 연용형	연용형에 붙는다. ① 미연형 て는 조동사 む와 결합하여 강조를 나타낸다. ② 연용형て는 けり와 결합한다.	① 心やすき所求め**て**む 편히 쉴 수 있는 곳을 찾고야 말리라. ② この男、かいま見**て**けり。 이 남자는 (그 여자를) 훔쳐보았다.
	접속조사	단순접속의 관계를 나타낸다.	山寺なる石井によりて、手にむすびつつ飲み**て**、 산사에 있는 돌로 쌓은 우물에 들려서 물을 손으로 떠 마시며,
と	タリ형용동사의 연용형의 일부	어간은 무게감 있는 한자어이다.	天心は、蒼々**と**してはかりがたし 하늘의 뜻은 창창해서 헤아리기 어렵다.
	조동사(단정) たり의 연용형	체언에 접속한다.	下**と**して上に逆らふことは、あに人臣の礼たらんや。 아래 사람으로서 상사에게 거역하는 일은, 이 어찌 신하의 도리라 하겠는가.
	부사의 어구성의 일부	부사의 어구성의 일부로서 と부분은 활용하지 않는다.	養ふほどにすくすく**と**大きに成りまさる。 키울수록 쑥쑥 자랐다.
	격조사	체언과 연체형에 접속한다. ①동작을 같이 하는 상대 또는 ②변화의 결과 등을 나타낸다.	なんぢ**と**一所で死なんと思ふ。 너와 한 곳에서 죽으련다. 功名一時の草むら**と**なる 공적을 떨친 명성도 잠깐이고 지금은 풀숲이 되다.
	접속조사	종지형에 접속하여 가정조건을 나타낸다.	風吹く**と**枝を離れて落つまじく花とぢつけよ青柳の糸 바람이 불면 가지에서 벗어나 떨어지지 않도록 꽃을 묶어 주렴. 푸른 버드나무 가지여
とも	격조사+계조사	체언과 연체형, 문말 등에 접속한다. も를 빼도 의미는 성립한다.	涙落つ**とも**おぼえぬに、 눈물이 흐르는지도 모르는 채,
	접속조사	종지형에 접속하여 가정조건을 나타낸다.	はかなくうち語らはむ友なり**とも**、よくその人を選ぶべし。 속 깊은 얘기를 나누지 않는 그러한 벗이라도, 잘 그 사람을 골라야 한다.
な	조동사(완료) ぬ의 미연형	연용형에 접속한다.	その事果て**な**ば、とく帰るべし 그 일이 끝나면, 빨리 돌아가야 한다.
	금지의 종조사	종지형(ラ변 활용은 연체형)에 접속한다.	ゆめゆめ殺す**な**。 절대로 죽이지 말라.
	감동·감탄의 종조사	문말에 붙는다.	月出でにけり**な** 달이 떴구나
	부사의 な	な～そ 형태로 금지를 나타낸다. そ는 동사의 연용형(カ변, サ변은 미연형)에 접속한다.	月**な**見たまひそ。 달을 보지 마십시오.

なむ	조동사(완료) ぬ의 미연형+조동사(추량) む의 종지형	연용형에 접속한다. 미연형 な는 조동사 む와 결합하여 강조를 나타낸다.	いかが。さりとも聞き知り**なむ**。 어떨지. 그렇다 해도 필시 듣고 알게 될걸.
	계조사	체언 등에 접속하여 강조를 나타낸다. 앞에 なむ이 올 때 문말은 연체형으로 맺는다.	柿本人麻呂**なむ**歌の聖なりける。 가키모토노히토마로는 시가의 성인이었다.
	소망의종조사	미연형에 접속한다.	いつしかその日にならなむ。 언제 그 날이 올까, 빨리 왔으면.
なり	조동사(단정) なり의 종지형, 연용형	체언, 연체형에 접속한다.	音に聞くと見るときとは、何事も変はるもの**なり**。 소문으로 들을 때와 볼 때는 뭐든지 다른 것이다.
	조동사(전문, 추정)なり의 종지형, 연용형	종지형(ラ변동사는 연체형)에 접속한다.	仏には人のなりたる**なり**。 부처님은 사람이 된 것이라 하던데.
	ナリ활용형 용동사의 연용형, 종지형	ナリ활용형용동사의 어미이다.	夕日の影静か**なり**。 석양빛도 사그러든다.
	4단동사 なる의 연용형	4단동사 なる의 연용형이다.	よき程なる人に**なり**ぬれば、 (가구야히메가) 알맞은 크기의 사람이 되어서,
に	조동사(단정) なり의 연용형	체언과 연체형에 접속한다.	重盛は子**に**して、清盛は父なり。 시게모리는 자식이고, 기요모리는 부친이다.
	조동사(완료) ぬ의 연용형	연용형에 접속한다.	雪も深く積り**に**けり。 눈도 두껍게 쌓였다.
	ナ변동사의 연용형의 일부	ナ변동사 死ぬ의 연용형 死に의 に이다.	貫き合ひて、ともに死**に**にけり。 서로 찔러서 같이 죽었다.
	ナリ형용동사의 연용형의 일부	ナリ활용형용동사의 연용형 활용어미이다.	月明らか**に**星まれなり。 달이 밝고 별은 드물게 보인다.
	격조사	체언, 연체형에 붙는다.	今宵、浦戸**に**泊まる。 오늘 밤은 우라도에 머문다.
	접속조사	연체형에 접속한다.	梅は咲きたる**に**、うぐひすは鳴かず。 매화는 피었는데, 꾀꼬리는 울지 않는다.

ぬ	조동사(완료) ぬ의 종지형	연용형에 접속한다.	日暮れ**ぬ**。 날이 저물었다.
	조동사(부정) ず의 연체형	미연형에 접속한다. 체언을 수식한다. 앞에 ぞ, なむ, や, か가 올 때의 문말형태이다.	一文字をだに知ら**ぬ**者, 일이라는 문자조차도 모르는 자가, 日ぞ暮れ**ぬ**。 날이 저물지 않는다.
	ナ변동사의 종지형의 일부	死ぬ의 종지형 死ぬ의 ぬ이다.	炎にまぐれてたちまちに死**ぬ**。 불에 휩싸여 그 자리에서 죽었다.
ね	조동사(완료) ぬ의 명령형	연용형에 접속한다.	この浦を去り**ね**。 이 포구를 떠나거라.
	조동사(부정) ず의 이연형	미연형에 접속한다.	秋来ぬと目にはさやかに見え**ね**ども 가을이 왔다고 눈으로 확실히 보이진 않지만
	ナ변동사의 명령형의 일부	死ぬ의 명령형 死ね의 ね이다.	とく死**ね**かし。 빨리 죽어버려라.
らむ	조동사(현재추량)	종지형(ラ변동사는 연체형)에 접속한다.	窃か盗人の、さるべき隈にゐて見る**らむ**を、 좀도둑이 어떤 구석에서 보고 있으리라고
	ラ행4단동사, ラ변 미연형 +조동사(추량)의 종지형	ラ행 4단동사와 ラ변동사의 미연형 ら에 추량, 의지의 조동사 む가 접속한 것이다.	憶良らは今はまか**らむ**。 오쿠라는 지금 물러나겠습니다.
	조동사(완료) り의 미연형 +조동사(추량) む의 연체형, 종지형	조동사 り는 4단동사 명령형(サ변동사는 미연형)에 접속, 그 조동사 り의 미연형 ら에 む가 접속한 것이다.	同じくは心知れ**らむ**人に見せばや 이왕이면 사정을 아는 사람에게 보이고 싶구나.
る	조동사(수동, 등) る의 종지형	자발, 수동, 가능, 존경의 조동사 る는 동사의 미연형에 접속한다.	人知れずおぼし嘆か**る**。 남모르게 애달아 하신다.
	조동사(완료) り의 연체형	4단동사 명령형(サ변동사는 미연형)에 접속한다.	あやしき家に住め**る**者あり。 누추한 집에 사는 자가 있다.

【부록 2】
고전을 이해하기 위해 필요한 사항들

1. 고전을 이해하기 위해 필요한 어휘

(1) 월력 및 월령의 표현

一月(睦月 むつき)	二月(如月 きさらぎ)	三月(弥生 やよひ)	四月(卯月 うづき)
五月(皐月 さつき)	六月(水無月 みなづき)	七月(文月 ふみづき)	八月(葉月 はづき)
九月(長月 ながつき)	十月(神無月 かんなづき)	十一月(霜月 しもつき)	十二月(師走 しはす)

朔日(ついたち) 그달의 초하루

晦日(つごもり) 그달의 그믐

三日月(みかづき) 초승달, 음력 초사흘날에 뜨는 달

十三夜(じふさんや) 음력 13일날 밤 (보름달 다음으로 명월로 봄)

待宵(まつよひ) 음력 14일 밤 뜨는 달 (보름달을 기다리는 마음)

望月(もちづき) 음력 15일에 뜨는 달, 보름달

十六夜(いざよひ) 음력 16일 밤, 또는 달

立待月(たちまちづき) 음력 17일 밤의 달, 서서 기다리는 달

居待月(ゐまちづき) 음력 18일 밤의 달, 앉아서 기다리는 달

臥待月(ふしまちづき) 음력 19일 밤의 달, 엎드려서 기다리는 달(寝待(ねま)ち라고도 한다.)

更待月(ふけまちづき) 음력 20일 밤의 달, 밤새 기다리는 달

(2) 기본적인 수사

고전에 이미 한자 수사를 병용하고 있었으나, 일본어의 수를 많은 부분 고유어로 나타내고 있다. 고유어로 숫자를 나타낼 때에 기본적인 것은 ひ, ふ, み, よ, い, む, な, よ, こ, とを이며 개체수를 셀 때에는 つ, 날짜에는 か, 사람을 나타낼 때는 り를 접미시키고 있다.

고유어 수사

개수(つ) : ひとつ　ふたつ　みつ　よつ　いつつ　むつ　ななつ　やつ　ここのつ　とを

날자(日) : ついたち　ふつか　みか　よか　いつか　むい(ゆ)か　なの(ぬ)か　やうか　ここの(ぬ)か　とをか

※ 숫자가 10이 넘을 때는 11日은 とをかあまりひとひ라고 읽는다. 1日가 ついたち(초하루)라는 특정된 어휘이기 때문에 ひとひ와 같이 붙인다. 22日은 はつかあまりふたひ라고 읽을 수도 있지만, はつかあまりふつか라고도 읽는다.

사람(人) : ひとり　ふたり　みたり　よたり　いとり/いつたり　むゆたり　ななたり　やたり　ここのたり　とたり

세월(歳) : ひととせ　ふたとせ　みとせ　よとせ　いつとせ　むとせ　ななとせ　やとせ　ここのとせ　とを

※ 나이와 세월을 나타낼 때는 10歳(とを) 20歳(はたち) 30歳(みそぢ) 40歳(よそぢ) 50歳(いそぢ) 60歳(むそぢ) 70歳(ななそぢ) 80歳(やそぢ) 90歳(ここのそぢ) 100歳(もも) 千歳(ちとせ) 幾年(いくとせ 몇년)

2. 고전을 이해하기 위한 기본적인 어휘

あ(吾, 我)	나(1인칭, 상대어)
あいぎゃう(愛敬)	사랑스러움, 친절함
あいな(愛無)し	재미없다, 탐탁하지 않다
あさまし	한심스럽다, 딱하다
あ(悪)し	나쁘다, 의외다, 초라하다
あそ(遊)ぶ	관현악합주(의 연회)를 하다, 사냥 등 여러 가지를 즐기다
あたら(惜, 新)し	아쉽다, 아깝다, 멋있다, 새롭다
あぢきなし	흥미 없다, 터무니없다, 시시하다
あない(案内)	공문서의 내용, 사물의 모습
あはれ	정취, 서글픔, 정, 아!(감탄사)

あはれなり	사랑스럽다, 그립다, 정취가 있다, 존귀하다, 가엾다, 서글프다
あ(会, 逢)ふ	만나다, 결혼하다, 싸우다
あや(怪)し	이상하다, 소홀히 하다
あらた(新)し	새롭다(상대어)
ありがた(有難)し	존귀하다, 드물다
あるじ(主)	주인, 주군,
あるじ(主)す	대접하다
い(寝)	잠
いかで	어떻게든, 어째서
いそ(急)ぎ	급한 용무, 준비
いた(痛, 甚)し	괴롭다, 심하다
い(出)づ	(밖으로) 나가다, 출발하다, 나타나다
いつく(厳)し	엄숙하다, 엄하다, 단정하다
いづれ	어느 것, 어느 쪽
いと	매우, 대단히
いとほ(愛)し	가엾다, 애처롭다, 사랑스럽다
いとど	한층 더, 게다가.
いはむ(ん)や	말할 것도 없이, 하물며
いみじ	심하다, 뛰어나다, 기쁘다, 슬프다, 멋있다
いも(妹)	남자가 여자를 지칭하는 말, 연인·아내
いや(卑, 賎)し	비천하다, 초라하다
う(憂)し	괴롭다, 싫다, 무정하다
うち(内)	안쪽, 궁궐 안, 왕
うつく(愛, 美)し	귀엽다, 아름답다, 훌륭하다
うるは(麗, 美, 愛)し	아름답다, 예의 바르다, 단아하다
おこな(行)ひ	고위 신분을 모시는 (수행), 정형화된 행위
おとな(大人)し	어른스럽다, 나이 들어 사려 깊다
おのれ	나(1인칭), 너(2인칭), 비하해서 말함

おほかた(大方)	대충, 대부분, 일반적으로
おぼつかなし	걱정스럽다, 불안하다, 의심스럽다, 몹시 기다려지다
おほやけ(公)	궁중, 조정, 왕
おもしろ(面白)し	정취가 있다
かく(斯く)	이처럼, 이렇게
かしこ(畏)し	황송하다, 소중하다, 뛰어나다, 흥미롭다, 즐겁다
かたじけなし	고맙다, 황송하다, 면목 없다
かたち(容貌)	얼굴, 용모, 모양, 모습
かたは(傍)らいた(痛)し	안됐다, 남부끄럽다, 몹시 불쾌하다
かなし(愛, 悲)	사랑스럽다, 마음이 무겁다, 슬프다, 가엾다
かはゆし	가엾다, 부끄럽다, 귀엽다
かへ(返)し	답서, 답가
かへ(返)りこと	사신의 보고, 답서, 답례로 보내는 시가
きは(際)	신분, 지위, 가문, 때, 한도
きみ(君)	왕, 자신의 주군, 귀인에 대한 경칭, 여자가 남자에게 친근하게 사용하는 경칭
きむ(ん)ぢ	2인칭
きよ(清)らなり	정갈하고 아름다운 모습이다, 기품있다, 멋있다
ぐ(具)す	갖추다, 따라가다, 데리고 가다
ぐそく(具足)	충족함, 도구, 병기
くちを(口惜)し	유감스럽다, 탐탁하지 않다
け(異·怪)し	이상하다, 괴상하다
けしき(景色)	모습, 표정
け(異)に	이상하게, 한층
げ(実)に	실로, 정말로
けはひ	분위기, 느낌, 품격
ことわり(理)	이치, 판단, 변명
さ(然)	그, 그렇게

さうざう(寂々)し	미흡하다, 쓸쓸하다
ざえ(才)	학문, 재능, 예능
さしたる	대단한, 중요한, 별로(~부정)
さながら	그대로, 나름대로, 완전히
さらなり	물론이다, 새삼스럽다
さ(然)らば	그러면, 그럼(헤어질 때의 인삿말)
さ(然)りながら	그렇지만
さ(然)れど	그렇지만
しな(品)	신분, 가문, 품위, 기품, 종류
すさま(凄)じ	흥이 깨지다, 으시시하다, 차다, 춥다
すず(漫)ろなり	상관없다, 의외이다
せ(兄, 夫)	여자가 남편, 남자 형제를 비롯한 남자를 다정하게 지칭하는 말
せうそこ(消息)	편지, 소식
せ(狭)し	좁다
せち(っ)なり	절실하다, 중대하다
たえ(絶)て	완전히, 전혀
たの(楽)し	흡족하다, 풍부하다
ちぎ(契)り	언약, 인연
つきづきし	어울리다, 바람직하다
つごもり(晦)	그믐
つとめて	이른 아침, 다음 날 아침
つゆ	전혀, 조금도
つれづれ(徒然)なり	무료하다, 지루하다
と(疾)し	빠르다, 날카롭다
とし(年)ごろ	여러 해, 긴 세월
なのめなり	평범하다, 흔하다
なほざりなり	마음에 두지 않다, 무책임하다
なまめかし	우아하다

なむ(ん)ぢ(汝)	2인칭
なめし	무례하다
など	어째서, 왜
ねた(妬)し	밉다, 한심하다, 속상하다
のどかなり	한적하다, 마음이 가라앉다
はしたなし	어중간하다, 쑥스럽다, 심하다
はづか(恥)し	면목 없다, 쑥스럽다, (상대가) 훌륭하다
びんな(便無)し	형편이 좋지 않다, 불편하다
ふみ(文)	책, 편지, 문서, 한시문, 학문
ほい(本意)	본래의 소망, 목적
ほど(程)	무렵, 때, 동안, 정도, 근처
むげ(無下)なり	심하다, 비천하다, 의심할 바 없다
むつか(難)し	번거롭다, 울적하다, 언짢다
めづら(珍)かなり	진귀하다, 범상치 않다
めづら(珍)し	멋지다, 신선하다, 바람직하다
やさ(優)し	부끄럽다, 우아하다, 착하다, 괴롭다
や(止)むごとなし	고귀하다, 각별하다, 뛰어나다
ゆかし	마음이 끌리다, 그립다
ゆめ(ゆめ)	결코, 절대로
ゆゆし	(신성함에)꺼려지다, 심하다, 불길하다, 훌륭하다
よし(由)	이유, 유래, 방법, 사정, 풍정, 정취
よ(世)に	실로, 매우
らうたし	귀엽다, 사랑스럽다
らうらう(労労)じ	숙련되다, 우아하다
わ(吾, 我)	나(1인칭)
わび(侘)し	괴롭다, 견디기 힘들다, 슬프다, 초라하다
わろ(悪)し	좋지 않다
をかし	웃기다, 흥미롭다, 정취가 있다, 뛰어나다, 아름답다

をさをさ　　　좀처럼, 거의

を(愛, 惜)し　　　귀엽다, 사랑스럽다, 아깝다

3. 실생활에서 사용되는 고어의 속담, 격언

* 현재 실생활에서 사용되는 속담들이므로 표기는 현대 가나 표기법으로 하였다.

当たって砕けよ - 성공할지는 모르겠으나 일단 부딪쳐보라.
当たらずと言えども遠からず - 꼭 맞다고는 할 수 없지만, 전혀 틀리다고도 할 수 없다.
案ずるより産むが易し - 걱정하기보다 실제로 해보면 의외로 쉽다.
急がば回れ - 급할수록 돌아가라.
犬も歩けば棒に当たる - ① 개도 걷다 보니 몽둥이로 두들겨 맞는 재난을 당하기도 한다.
② 개도 걷다 보면 뜻밖의 횡재를 만나기도 한다.
芸術は長く、人生は短し - 예술은 길고 인생은 짧다.
健全なる精神は健全なる身体に宿る - 건전한 정신은 건전한 신체에 깃든다.
酒は飲むとも飲まるるな - 술은 마시더라도 (술에) 먹히지 마라.
親しき中にも礼儀あり - 가까운 사이라도 차려야 할 예의가 있다.
少年よ大志を抱け - 소년이여 야망을 품어라.
人生山あり谷あり - 인생에는 산도 있고 계곡도 있다.
好きこそ物の上手なれ - 좋아하는 것이야말로 능숙해지는 지름길이다.
過ぎたるは及ばざるが如し - 지나친 것은 미치지 못함과 같다.
備えあれば憂い無し - 대비 있으면 걱정이 없다.
大敵と見て恐るるなかれ小敵と見て侮るなかれ - 큰 적을 보고 두려워하지 말라, 작은 적을 보고 깔보지 말라.
血は水よりも濃し - 피는 물보다 진하다.
天高く馬肥ゆる秋 - 하늘은 높고 말은 살찌는 가을
虎は死して皮をとどめ人は死して名を残す - 호랑이는 죽어서 가죽을 남기고 사람은 죽어서 이름을 남긴다.

天(てん)は自(みずか)ら助(たす)くる者(もの)を助(たす)く - 하늘은 스스로 돕는(노력하는) 자를 돕는다.

飛(と)んで火(ひ)に入(い)る夏(なつ)の虫(むし) - 스스로 불구덩이로 날아드는 여름벌레

似(に)て非(ひ)なるもの - 닮은 듯 닮지 않는 것

念(ねん)には念を入れよ - 조심에 조심을 거듭하라.

古(ふる)きを温(たず)ねて新(あたら)しきを知(し)る - 옛것을 찾아 새것을 안다. 온고지신

見(み)ざる聞(き)かざる言(い)わざる - 쓸데없는 것은 보지도 않고 듣지도 않고 말하지도 않는다.

水清(みずきよ)ければ魚(うお)住(す)まず - 물이 깨끗하면 물고기가 살지 않는다.

身(み)を捨(す)ててこそ浮(う)かぶ瀬(せ)もあれ - 희생할 각오가 되어 있을 때에 비로소 위기에서 벗어날 수가 있다.

楽(らく)あれば苦(く)あり - 낙이 있으면 고생도 있다.

若(わか)いときの苦労(くろう)は買うてもせよ - 젊었을 때의 고생은 사서라도 하라.

【부록 3】
고전문학 감상

【竹取物語】 작자 : 미상, 연도 : 9세기 말에서 10세기 전반경

かぐや姫の生ひ立ち

いまは昔、竹取の翁といふもの有りけり。野山にまじりて竹を取りつゝ、よろづの事に使ひけり。名をば、さかきの造 となむいひける。その竹の中に、もと光る竹なむ一筋ありける。あやしがりて寄りて見るに、筒の中光りたり。それを見れば、三寸ばかりなる人、いとうつくしうてゐたり。翁いふやう、「我あさごと夕ごとに見る竹の中におはするにて、知りぬ。子となり給ふべき人なめり」とて、手にうち入れて家へ持ちて来ぬ。妻の女にあづけて養はす。うつくしき事かぎりなし。いとをさなければ籠に入れて養ふ。

【다케토리 이야기】

가구야히메의 성장

옛날 옛적에 다케토리 옹이라는 사람이 있었다. 산과 들을 다니며 대나무를 베어 여러 가지 일에 썼다. 이름을 사카키노미야쓰코라 하였다. 그 대나무 중에 밑동이 빛나는 대나무가 한 그루 있었다. 이상히 여겨서 다가가 봤는데, 대나무 통 속이 빛나고 있었다. 그것을 보니, 세 치 정도 되는 사람이 참으로 귀엽게 앉아 있다. 노인이 말하기를, '내가 아침저녁으로 보는 대나무 안에 계시니 알겠소. 내 자식이 되셔야 할 분이신 것 같소.'라며 손에 담아 집에 데리고 왔다. 아내인 노파에게 맡겨 키우게 한다. 아름답기 그지없다. 아주 작아서 바구니에 넣어 키운다.

ふじの山(むすび)

大臣上達を召して、「いづれの山か天に近き」と問はせ給ふに、ある人奏す、「駿河の国にあるなる山なん、この都も近く、天も近く侍る」と奏す。これを聞かせ給ひて、

逢ことも涙にうかぶ我身には死なぬくすりも何にかはせむ

かの奉る不死の薬に、又、壺具して、御使に賜はす。勅使には、つきのいはかさといふ人を召して、駿河の国にあなる山の頂にもてつくべきよし仰せ給ふ。嶺にてすべきやう教へさせ給ふ。御文、不死の薬の壺ならべて、火をつけて燃やすべきよし仰せ給ふ。そのよしうけたまはりて、つはものどもあまた具して山へ登りけるよりなん、その山をふじの山とは名づけゝる。その煙いまだ雲のなかへたち上るとぞ言ひ伝へたる。

후지산(말미문)

조정의 대신들을 부르셔서 하늘에 가까운 산은 어느 산이냐고 물으시니, 어느 사람이 아뢰기를, '스루가 지방에 있다고 하는 산이 이 도읍지에서도 가깝고, 하늘에서도 가깝습니다' 하고 아뢴다. 이를 들으시고, 만날 수가 없어서 눈물로 내 몸이 뜰만큼 슬픈 나에게 불사약이 무슨 소용이 있겠는가.

그 가구야히메가 드린 불사약이 든 단지에 서신을 더해, 사신에게 주신다. 칙사로는 쓰키노이와카사라는 사람을 부르시고는 스루가 지방에 있다는 산 정상에 가지고 가도록 하라는 명을 내리신다. 산봉우리에서 해야 할 일을 알려주신다. 서신, 불사약이 든 단지를 나란히 놓고 불을 붙여 태우도록 하명하신다. 그 명을 받들어 많은 병사를 이끌고 산에 간 데에서 그 산을 후지산이라 이름 지었다. (후지산에서 나오는) 연기는 아직도 구름 속으로 피어오른다고 전해지고 있다.

⋆ 스루가지방(駿河國) : 현재의 시즈오카현(静岡県)의 동부에 해당. 후지산은 현재 시즈오카현과 山梨県(야마나시현)에 걸쳐 있다.

⋆ 富士山 명명의 유래 : 병사(士)가 많이 올랐던(富んだ) 산(山) ⇒富士の山, 富士の山 : 富(ふ, 많음, 풍부함)+じ(병사, 士의 탁음화)+山(やま),

【古今和歌集】 작자 : 紀貫之, 紀友則 등, 연도 : 905년

やまとうたは、ひとのこゝろをたねとして、よろづのことの葉とぞなれりける。世中にある人、ことわざしげきものなれば、心におもふことを、見るもの、きくものにつけて、いひいだせるなり。花になくうぐひす、みづにすむかはづのこゑをきけば、いきとしいけるもの、いづれかうたをよまざりける。ちからをもいれずして、あめつちをうごかし、めに見えぬ鬼神(おにがみ)をも、あはれとおもはせ、をとこ女(をんな)のなかをもやはらげ、たけきものゝふのこゝろをも、なぐさむるは歌(うた)なり。

【고킨와카슈】

야마토우타(와카)는, 사람의 마음을 근원으로 하여, 무수한 말로 이루어진 것이다. 세상 사람들은 여러 가지 일이 일어나므로, 마음에서 느끼는 것을, 눈에 비치는 것, 귀로 들리는 것을 빌려서 말로 표현하는 것이다. 매화꽃을 찾아 우는 꾀꼬리, 물에 사는 개구리 소리를 듣자면, 세상의 생명이 있는 사람, 그 누가 시가를 읊지 않을 수 있겠는가. 힘들이지 않고 천지를 움직이고, 눈에 보이지 않는 귀신들도 감동시키고, 남녀의 사이를 화기애애하게 하고, 용맹스러운 무사의 마음을 위로하는 것도 시가이다.

【源氏物語】 작자 : 紫式部(むらさきしきぶ), 연도 : 11세기 初

桐壺(きりつぼ)

いづれの御時(とき)にか。女御(にょうご)·更衣(かうい)あまたさぶらひ給(たま)ひけるなかに、いと、やむごとなき際(きは)にはあらぬが、すぐれて時(とき)めき給(たま)ふありけり。

はじめより、「われは」と、思(おも)ひあがり給へる御かたがた、めざましき者(もの)におとしめそねみたまふ。おなじ程、それより下臈(げらふ)の更衣たちは、まして、安(やす)からず。あさゆふの宮(みや)づかへにつけても、人の心(こゝろ)をのみ動(うご)かし、恨(うら)みを負(お)ふつもりにやありけむ、いと、あつしくなりゆき、もの心(こころ)ぼそげに里(さと)がちなるを、いよいよ「あかずあはれなるもの」に思(おぼ)ほして、人の謗(そし)りをも、えはゞからせ給はず、世の例(ためし)にもなりぬべき御もてなしなり。

【겐지 이야기】

기리쓰보

어느 왕의 시대였는지, 뇨고, 고이 등의 많은 후궁이 왕을 모시고 계신 중에, 그다지 귀한 신분은 아니지만 눈에 띄게 총애를 받으신 분이 계셨다. (입궐한) 처음부터 내가 바로 왕의 총애를 한 몸에 받을 사람이라고 자부하고 계신 분들은 맘에 들지 않는 사람이라고 업신여기거나 질투하신다. 같은 신분, 또는 그보다 낮은 지위의 고이들은 더욱 마음이 편하지 않다.

(기리쓰보가) 조석으로 왕을 모시는 일도, 다른 이들의 심사를 불편하게 하고 이들이 앙심을 품는 일이 거듭된 탓이었을까. 몸이 많이 약해져 의지할 데 없는 마음에 친정에 내려가시는 일이 잦아지는 것을, (왕께서는) 점점 더 보고 싶고 애틋한 사람으로 생각하시며, 다른 사람들의 비난에도 전혀 개의치 않으시고, 세간의 입에 오를 정도로 총애를 하셨다.

【枕草子】 작자 : 清少納言, 연도 : 1004년 경

<一>

春はあけぼの。やうやうしろくなり行く、山ぎはすこしあかりて、むらさきだちたる雲のほそくたなびきたる。

夏はよる。月の頃はさらなり、やみもなほ、ほたるの多く飛びちがひたる。また、ただひとつふたつなど、ほのかにうちひかりて行くもをかし。雨など降るもをかし。

秋は夕暮。夕日のさして山のはいとちかうなりたるに、からすのねどころへ行くとて、みつよつ、ふたつみつなどとびいそぐさへあはれなり。まいて雁などのつらねたるが、いとちひさくみゆるはいとをかし。日入りはてて、風の音むしのねなど、はたいふべきにあらず。

冬はつとめて。雪の降りたるはいふべきにもあらず、霜のいとしろきも、またさらでもいと寒きに、火などいそぎおこして、炭もてわたるもいとつきづきし。昼になりて、ぬるくゆるびもていけば、火桶の火もしろき灰がちになりてわろし。

【마쿠라노소시】

<1>

봄은 동틀 녘이 좋다. 차츰 주변이 하얘지면서 산등성이가 다소 밝아지며 보랏빛 구름이 가늘게 끼어 있는 것이 멋있다.

여름은 밤이 좋다. 보름달일 때는 물론이거니와 캄캄한 밤에도 반딧불이 많이 날아다니고 있을 때나, 한두 마리가 희미하게 빛을 내며 날아다니는 것도 역시 좋다. 비가 오는 것도 운치 있다.

가을은 해 질 녘이 좋다. 석양이 비추고 해가 산등성이로 넘어갈 때 까마귀가 보금자리로 가려고, 서너 마리, 두세 마리씩 서둘러 날아가는 것조차 정겹다. 말할 필요도 없이 기러기가

줄지어 날아가는 모습이 아주 작게 보이는 것은 정취가 있다. 해가 다 지고 바람 소리, 벌레 소리 또한 그지없이 좋다.

겨울은 이른 아침이 좋다. 눈이 내린 아침은 물론이거니와, 서리가 하얀 아침도, 또 그렇지 않더라도 아주 추운 날에 서둘러 불을 지펴서 숯불을 들고 다니는 것도 겨울 아침에 딱 어울리는 일이다. (하지만) 낮이 되어 날이 누그러지면, 화롯불도 하얀 재가 많아져 보기에 좋지 않다.

【方丈記】 작자 : 鴨長明(かものちょうめい), 연도 : 1212년

ゆく河(かは)の流(なが)れは絶(た)えずして、しかも、もとの水(みづ)にあらず。淀(よど)みに浮(うか)ぶうたかたは、かつ消(き)えかつ結(むす)びて、久(ひさ)しくとゞまりたる例(ためし)なし。世中(よのなか)にある人と栖(すみか)と、またかくのごとし。たましきの都(みやこ)のうちに、棟(むね)を並(なら)べ、甍(いらか)を争(あらそ)へる、高(たか)き、いやしき、人の住(すま)ひは、世々を経(へ)て盡(つ)きせぬものなれど、これをまことかと尋(たづ)ぬれば、昔(むかし)ありし家は稀(まれ)なり。或(あるい)は去年(こぞ)焼(や)けて今年(ことし)作(つく)れり。或(あるい)は大家(おほいへ)亡(ほろ)びて小家(こいへ)となる。

住(す)む人もこれに同(おな)じ。所(ところ)も変(かは)らず、人も多(おほ)かれど、いにしへ見し人は、二三十人(にさんじふにん)が中に、わづかにひとりふたりなり。朝(あした)に死(し)に、夕(ゆふべ)に生るゝならひ、たゞ水の泡(あわ)にぞ似たりける。不知(しらず)、生(うま)れ死ぬる人、何方(いづかた)より来(き)たりて、何方(いづかた)へか去(さ)る。

【호조키】

흐르는 강물은 끊임이 없으며, 또한 그 강물은 이전의 물이 아니다. 물웅덩이에 뜬 물거품은 사라졌다가는 다시 생기고 오래 멈춰있는 일이 없다. 세상에 있는 사람과 사는 집도 또한 이와 같다. 옥을 깐 도읍지에 용마루를 나란히 하고 기와 높이를 겨루는, 신분이 높은 자, 낮은 자 할 것 없이 집은 영원히 없어지지 않는 것 같지만, 이것이 과연 그런가 알아보면, 예전에 있었던 집은 드물다. 어떤 집은 작년에 타서 없어지고 올해 새로 지었다. 또 어떤 집은 큰 집이 몰락하여 작은 집이 된다.

사는 사람도 이와 같다. 장소도 바뀌지 않고 사람도 많지만, 예전에 본 사람은 2, 30명 가운데 불과 한두 사람이다. 아침에 죽고 저녁에 태어나는 세상사가 그저 물거품을 닮았구나. 나는 알지 못한다. 태어났다가 죽는 사람 어디에서 와서 어디로 사라져 가는지.

【徒然草】 작자 : 吉田兼好, 연도 : 1330～1331년

つれづれなるまゝに、日暮らし、硯にむかひて、心にうつりゆくよしなし事を、そこはかとなく書きつくれば、あやしうこそものぐるほしけれ。

いでや、この世に生れては、願はしかるべき事こそ多かめれ。

【쓰레즈레쿠사】

무료한 마음이 들어, 하루 종일 벼루와 씨름하며, 마음속에 떠올랐다가 사라지는 종잡을 수 없는 상념들을 두서없이 써 내려가니, 묘하게 뭔가에 홀린 듯하다. 참으로 이 세상에 태어났으니 당연히 바라는 일들이 많은 것 같다.

【平家物語】 작자 : 미상, 연도 : 13세기 전반

祇園精舎

祇園精舎の鐘の声、諸行無常の響あり。娑羅双樹の花の色、盛者必衰のことはりをあらはす。おごれる人も久しからず。只春の夜の夢のごとし。たけき者も遂にはほろびぬ、偏に風の前の塵に同じ。

【헤이케 이야기】

「기원정사」

기원정사의 종소리는 제행무상을 알리는 울림이 있다. 사라쌍수의 꽃 빛깔의 변화는 성자필쇠의 이치를 나타낸다. 권세를 자랑하는 자도 오래가지 못한다. 그저 봄날 하룻밤의 꿈과 같다. 성한 자도 끝내는 망한다. 그저 바람 앞의 먼지와 같다.

⋆ 사라쌍수 : 석가가 열반에 들 때, 사방에 사라 나무가 두 그루씩 여덟 그루가 있었다. 석가 입멸 시에 그 나무들이 하얗게 변했다고 한다.

【연습문제 해답】

제1장 동사

[연습문제 1] 4단활용동사

[1]

기본형	미연형	연용형	종지형	연체형	이연형	명령형
吹(ふ)く	ふか	ふき	ふく	ふく	ふけ	ふけ
仰(あふ)ぐ	あふが	あふぎ	あふぐ	あふぐ	あふげ	あふげ
押(お)す	おさ	おし	おす	おす	おせ	おせ
待(ま)つ	また	まち	まつ	まつ	まて	まて
歌(うた)ふ	うたは	うたひ	うたふ	うたふ	うたへ	うたへ
呼(よ)ぶ	よば	よび	よぶ	よぶ	よべ	よべ
詠(よ)む	よま	よみ	よむ	よむ	よめ	よめ
取(と)る	とら	とり	とる	とる	とれ	とれ

[2] ① とは ②くひ,よみ ③ 4단·연용, 4단·종지 ④ 4단·연체, 4단·미연 ⑤ 4단·이연 ⑥ 4단·명령

[연습문제 2] 상1단활용동사

[1]

기본형	미연형	연용형	종지형	연체형	이연형	명령형
射(いる)	い	い	いる	いる	いれ	いよ

着(き)る	き	き	きる	きる	きれ	きよ
干(ひ)る	ひ	ひ	ひる	ひる	ひれ	ひよ
居(ゐ)る	ゐ	ゐ	ゐる	ゐる	ゐれ	ゐよ
似(に)る	に	に	にる	にる	にれ	によ

[2] ① ゐ ② みれ ③ 상1단·종지 ④ 상1단·미연 ⑤ 상1단·연체 ⑥ 상1단·명령 ⑦ 상1단·연용

[연습문제 3] 상2단활용동사

[1]

기본형	미연형	연용형	종지형	연체형	이연형	명령형
起(お)く	おき	おき	おく	おくる	おくれ	おきよ
過(す)ぐ	すぎ	すぎ	すぐ	すぐる	すぐれ	すぎよ
落(お)つ	おち	おち	おつ	おつる	おつれ	おちよ
閉(と)づ	とぢ	とぢ	とづ	とづる	とづれ	とぢよ
強(し)ふ	しひ	しひ	しふ	しふる	しふれ	しひよ
伸(の)ぶ	のび	のび	のぶ	のぶる	のぶれ	のびよ
試(こころ)む	こころみ	こころみ	こころむ	こころむる	こころむれ	こころみよ
老(お)ゆ	おい	おい	おゆ	おゆる	おゆれ	おいよ
下(お)る	おり	おり	おる	おるる	おるれ	おりよ

[2] ① おきよ ② おい ③ 상2단·미연 ④ 상2단·연체 ⑤ 상2단·종지 ⑥ 상2단·이연

[연습문제 4] 하1단활용동사

① け ② けよ ③ け, け

[연습문제 5] 하2단활용동사

[1]

기본형	미연형	연용형	종지형	연체형	이연형	명령형
寝(ぬ)	ね	ね	ぬ	ぬる	ぬれ	ねよ
受(う)く	うけ	うけ	うく	うくる	うくれ	うけよ
告(つ)ぐ	つげ	つげ	つぐ	つぐる	つぐれ	つげよ
失(う)す	うせ	うせ	うす	うする	うすれ	うせよ
混(ま)ず	まぜ	まぜ	まず	まずる	まずれ	まぜよ
隔(へだ)つ	へだて	へだて	へだつ	へだつる	へだつれ	へだてよ
出(い)づ	いで	いで	いづ	いづる	いづれ	いでよ
訪(たづ)ぬ	たづね	たづね	たづぬ	たづぬる	たづぬれ	たづねよ
教(おし)ふ	おしへ	おしへ	おしふ	おしふる	おしふれ	おしへよ
比(くら)ぶ	くらべ	くらべ	くらぶ	くらぶる	くらぶれ	くらべよ
始(はじ)む	はじめ	はじめ	はじむ	はじむる	はじむれ	はじめよ
越(こ)ゆ	こえ	こえ	こゆ	こゆる	こゆれ	こえよ
忘(わす)る	わすれ	わすれ	わする	わするる	わするれ	わすれよ
植(う)う	うゑ	うゑ	うう	ううる	ううれ	うゑよ

[2] ① へだて, みつくる ② かぞふれ ③ 하2단·연용 ④ 하2단·연체 ⑤ 하2단·명령 ⑥ 하2단·종지

[연습문제 6] ナ행변격활용동사

① いぬる ②しな ③ ナ변·종지 ④ ナ변·연용 ⑤ ナ변·종지 ⑥ ナ변·명령

[연습문제 7] ラ형변격활용동사

① あら ② あれ ③ ラ변.이연 ④ ラ변·연용, ラ변·연체 ⑤ ラ변·종지 ⑥ ラ변·명령

[연습문제 8] カ행변격활용동사

① こ ② き ③ こよ·こ ④ く ⑤ くる

[연습문제 9] サ행변격활용동사

① し, する ② せ ③ サ변·연용, サ변·종지 ④ サ변·명령 ⑤ サ변·이연 ⑥ サ변·연체

제2장 형용사

[연습문제 1]

[1]

<table>
<tr><th rowspan="2">기본형</th><th rowspan="2">미연형
ず, む</th><th>연용형</th><th rowspan="2">종지형</th><th>연체형</th><th>이연형</th><th rowspan="2">명령형</th></tr>
<tr><th>ⓐなる ⓑき</th><th>ⓐ時 ⓑべし</th><th>ば,ども</th></tr>
<tr><td rowspan="2">とほ(遠)し</td><td>○</td><td>ⓐとほく</td><td rowspan="2">とほし</td><td>ⓐとほき</td><td>とほけれ</td><td>○</td></tr>
<tr><td>とほから</td><td>ⓑとほかり</td><td>ⓑとほかる</td><td>○</td><td>とほかれ</td></tr>
<tr><td rowspan="2">かな(悲)し</td><td>○</td><td>ⓐかなしく</td><td rowspan="2">かなし</td><td>ⓐかなしき</td><td>かなしけれ</td><td>○</td></tr>
<tr><td>かなしから</td><td>ⓑかなしかり</td><td>ⓑかなしかる</td><td>○</td><td>かなしかれ</td></tr>
<tr><td rowspan="2">なし</td><td>○</td><td>ⓐなく</td><td rowspan="2">なし</td><td>ⓐなき</td><td>なけれ</td><td>○</td></tr>
<tr><td>なから</td><td>ⓑなかり</td><td>ⓑなかる</td><td>○</td><td>なかれ</td></tr>
<tr><td rowspan="2">ただ(正)し</td><td>○</td><td>ⓐただしく</td><td rowspan="2">ただし</td><td>ⓐただしき</td><td>ただしけれ</td><td>○</td></tr>
<tr><td>ただしから</td><td>ⓑただしかり</td><td>ⓑただしかる</td><td>○</td><td>ただしかれ</td></tr>
</table>

[2] ① をかしき, なし ②くらかり ③ ク형·연용 ④ ク형·이연, シク형·종지 ⑤ ク형·명령 ⑥ ク형·연용, ク형·연용, ク형·미연 ⑦ シク형·미연

제3장 형용동사

[연습문제 1]

[1]

기본형	미연형	연용형	종지형	연체형	이연형	명령형
	ず, む	ⓐなる ⓑき		時, べし	ば, ども	
はる(遥)かなり	はるかなら	ⓐはるかに ⓑはるかなり	はるかなり	はるかなる	はるかなれ	はるかなれ
まんまん(漫々)たり	まんまんたら	ⓐまんまんと ⓑまんまんたり	まんまんたり	まんまんたる	まんまんたれ	まんまんたれ
あはれなり	あはれなら	ⓐあはれに ⓑあはれなり	あはれなり	あはれなる	あはれなれ	あはれなれ

[2] ① すみやかに ② はるかなる ③ ナリ형동·미연 ④ ナリ형동·종지 ⑤ ナリ형동·이연 ⑥ タリ형동·종지

제4장 조동사

[연습문제 1] なり·たり

① 단정·종지 ② 단정·미연 ③ 단정·이연 ④ 단정·연체
⑤ 단정·연용 ⑥ 존재·연체 ⑦ 단정·연체 ⑧ 단정·연용

[연습문제 2] ず

① 부정·종지 ② 부정·연용 ③ 부정·연체 ④ 부정·이연 ⑤ 부정·미연 ⑥ 부정·연용

[연습문제 3] き·けり

① 과거·종지, 과거·연체 ② 감탄·종지 ③ 과거·연체 ④ 과거·이연 ⑤ 과거·연체 ⑥ 과거·연체, 과거·종지

[연습문제 4] つ·ぬ

① 완료·연용 ② 완료·연체 ③ 완료·종지, 강조(ぬべし)·종지 ④ 강조(なむず)·종지 ⑤ 완료·명령 ⑥ 강조(つべし).연체, 완료·연용 ⑦ 완료·미연 ⑧ 완료·명령

[연습문제 5] たり·り

① 존속·연체 ② 완료·종지 ③ 완료·종지 ④ 존속·종지 ⑤ 존속·연체 ⑥ 존속·종지

[연습문제 6] む·むず

① 추량·종지 ② 의지·종지 ③ 의지·연체 ④ 완곡·연체 ⑤ 추량·종지 ⑥ 추량·종지

[연습문제 7] けむ·らむ

① 과거추량·이연 ② 과거전문·연체 ③ 현재원인추량·종지 ④ 과거전문추량·연체, 현재추량·종지 ⑤ 현재완곡·연체

[연습문제 8] べし

① 권유·종지 ② 의지·종지 ③ 추량·종지 ④ 가능·연체 ⑤ 당연·연체 ⑥ 당연·연용

[연습문제 9] まし

① 의지·연체 ② 가상·미연, 가상·종지 ③ 추량·연체 ④ 추량·연체 ⑤ 가상·미연, 가상·종지

[연습문제 10] らし·めり·なり

① 추정·종지 ② 추정·종지 ③ 전문·연체 ④ 완곡·종지 ⑤ 추정·종지 ⑥ 추정·종지 ⑦ 전문·종지

[연습문제 11] じ·まじ

① 부정추량·종지 ② 부정의지·종지 ③ 부정당연·연체 ④ 부정의지·종지 ⑤ 부정금지·종지

[연습문제 12] まほし·たし

① 희망·연체 ② 희망·연체 ③ 희망·이연 ④ 희망·종지

[연습문제 13] ごとし

① 비유·종지 ② 비유·연용, 비유·종지 ③ 예시·연체

[연습문제 14] る·らる

① 수동·연용, 수동·연용 ② 자발·연체 ③ 가능·미연 ④ 존경·연용

[연습문제 15] す·さす·しむ

① 사역·연용 ② 사역·이연 ③ 사역·이연 ④ 존경·연용 ⑤ 존경·연용 ⑥ 존경·연용

【고전문법 활용표】

동사 활용표

활용 종류	동사	어간	미연형 未然形	연용형 連用形	종지형 終止形	연체형 連体形	이연형 已然形	명령형 命令形
4단활용	動(うご)く	うご	か	き	く	く	け	け
	急(いそ)ぐ	いそ	が	ぎ	ぐ	ぐ	げ	げ
	指(さ)す	さ	さ	し	す	す	せ	せ
	持(も)つ	も	た	ち	つ	つ	て	て
	歌(うた)ふ	うた	は	ひ	ふ	ふ	へ	へ
	遊(あそ)ぶ	あそ	ば	び	ぶ	ぶ	べ	べ
	住(す)む	す	ま	み	む	む	め	め
	移(うつ)る	うつ	ら	り	る	る	れ	れ
상1단활용	着(き)る	(き)	き	き	きる	きる	きれ	きよ
	似(に)る·煮(に)る	(に)	に	に	にる	にる	にれ	によ
	干(ひ)る	(ひ)	ひ	ひ	ひる	ひる	ひれ	ひよ
	見(み)る	(み)	み	み	みる	みる	みれ	みよ
	射(い)る·鋳(い)る	(い)	い	い	いる	いる	いれ	いよ
	居(ゐ)る·率(ゐ)る	(ゐ)	ゐ	ゐ	ゐる	ゐる	ゐれ	ゐよ

상2활용	起(お)く	お	き	き	く	くる	くれ	きよ
	過(す)ぐ	す	ぎ	ぎ	ぐ	ぐる	ぐれ	ぎよ
	落(お)つ	お	ち	ち	つ	つる	つれ	ちよ
	恥(は)づ	は	ぢ	ぢ	づ	づる	づれ	ぢよ
	滅(ほろ)ぶ	ほろ	び	び	ぶ	ぶる	ぶれ	びよ
	恨(うら)む	うら	み	み	む	むる	むれ	みよ
	悔(く)ゆ	く	い	い	ゆ	ゆる	ゆれ	いよ
	降(お)る	お	り	り	る	るる	るれ	りよ
하1단활용	蹴(け)る	(け)	け	け	ける	ける	けれ	けよ
하2활용	得(う)	(う)	え	え	う	うる	うれ	えよ
	助(たす)く	たす	け	け	く	くる	くれ	けよ
	任(まか)す	まか	せ	せ	す	する	すれ	せよ
	出(い)づ	い	で	で	づ	づる	づれ	でよ
	訪(たづ)ぬ	たづ	ね	ね	ぬ	ぬる	ぬれ	ねよ
	教(おし)ふ	おし	へ	へ	ふ	ふる	ふれ	へよ
	食(た)ぶ	た	べ	べ	ぶ	ぶる	ぶれ	べよ
	流(なが)る	なが	れ	れ	る	るる	るれ	れよ
	据(す)う	す	ゑ	ゑ	う	うる	うれ	ゑよ
カ변	来(く)	(く)	こ	き	く	くる	くれ	こ(よ)
サ변	す	(す)	せ	し	す	する	すれ	せよ
ナ변	死(し)ぬ	し	な	に	ぬ	ぬる	ぬれ	ね
ラ변	有(あ)り	あ	ら	り	り	る	れ	れ

형용사 활용표

<table>
<tr><th>활용
종류</th><th>형용사</th><th>어간</th><th>미연형
未然形</th><th>연용형
連用形</th><th>종지형
終止形</th><th>연체형
連体形</th><th>이연형
已然形</th><th>명령형
命令形</th></tr>
<tr><td rowspan="2">ク
활용</td><td rowspan="2">青(あを)し</td><td rowspan="2">あを</td><td rowspan="2">から</td><td>く</td><td rowspan="2">し</td><td>き</td><td rowspan="2">けれ</td><td rowspan="2">かれ</td></tr>
<tr><td>かり</td><td>かる</td></tr>
<tr><td rowspan="2">シク
활용</td><td rowspan="2">美(うつく)し</td><td rowspan="2">うつく</td><td rowspan="2">しから</td><td>しく</td><td rowspan="2">し</td><td>しき</td><td rowspan="2">しけれ</td><td rowspan="2">しかれ</td></tr>
<tr><td>しかり</td><td>しかる</td></tr>
</table>

형용동사 활용표

<table>
<tr><th>활용
종류</th><th>형용동사</th><th>어간</th><th>미연형
未然形</th><th>연용형
連用形</th><th>종지형
終止形</th><th>연체형
連体形</th><th>이연형
已然形</th><th>명령형
命令形</th></tr>
<tr><td rowspan="2">ナリ
활용</td><td rowspan="2">静(しづ)かなり</td><td rowspan="2">しづか</td><td rowspan="2">なら</td><td>なり</td><td rowspan="2">なり</td><td rowspan="2">なる</td><td rowspan="2">なれ</td><td rowspan="2">なれ
なれ</td></tr>
<tr><td>に</td></tr>
<tr><td rowspan="2">タリ
활용</td><td rowspan="2">堂々(だうだう)たり</td><td rowspan="2">だうだう</td><td rowspan="2">たら</td><td>たり</td><td rowspan="2">たり</td><td rowspan="2">たる</td><td rowspan="2">たれ</td><td rowspan="2">たれ
たれ</td></tr>
<tr><td>と</td></tr>
</table>

주요 조동사 활용표

<table>
<tr><th rowspan="2">의미</th><th rowspan="2">종류</th><th colspan="8">활용</th></tr>
<tr><th>미연형
未然形</th><th>연용형
連用形</th><th>종지형
終止形</th><th>연체형
連体形</th><th>이연형
已然形</th><th>명령형
命令形</th><th>활용
종류</th><th>접속 형태</th></tr>
<tr><td rowspan="4">단정</td><td rowspan="2">なり</td><td rowspan="2">なら</td><td>に</td><td rowspan="2">なり</td><td rowspan="2">なる</td><td rowspan="2">なれ</td><td rowspan="2">なれ</td><td rowspan="2">ナリ
활용형</td><td rowspan="2">체언, 연체형</td></tr>
<tr><td>なり</td></tr>
<tr><td rowspan="2">たり</td><td rowspan="2">たら</td><td>と</td><td rowspan="2">たり</td><td rowspan="2">たる</td><td rowspan="2">たれ</td><td rowspan="2">たれ</td><td rowspan="2">タリ
활용형</td><td rowspan="2">체언</td></tr>
<tr><td>たり</td></tr>
<tr><td rowspan="3">부정</td><td rowspan="3">ず</td><td rowspan="2">(な)</td><td>(に)</td><td rowspan="3">ず</td><td rowspan="2">ぬ</td><td rowspan="2">ね</td><td rowspan="3">ざれ</td><td rowspan="3">특수형</td><td rowspan="3">미연형</td></tr>
<tr><td>ず</td></tr>
<tr><td>ざら</td><td>ざり</td><td>ざる</td><td>ざれ</td></tr>
</table>

<table>
<tr><td rowspan="2">과거</td><td>き</td><td>(せ)</td><td>○</td><td>き</td><td>し</td><td>しか</td><td>○</td><td>특수형</td><td>연용형, カ변,
サ변은 예외</td></tr>
<tr><td>けり</td><td>(けら)</td><td>○</td><td>けり</td><td>ける</td><td>けれ</td><td>○</td><td>ラ변형</td><td>연용형</td></tr>
<tr><td rowspan="4">완료</td><td>つ</td><td>て</td><td>て</td><td>つ</td><td>つる</td><td>つれ</td><td>てよ</td><td>하2단형</td><td>연용형</td></tr>
<tr><td>ぬ</td><td>な</td><td>に</td><td>ぬ</td><td>ぬる</td><td>ぬれ</td><td>ね</td><td>ナ변형</td><td>연용형</td></tr>
<tr><td>たり</td><td>たら</td><td>たり</td><td>たり</td><td>たる</td><td>たれ</td><td>たれ</td><td>ラ변형</td><td>연용형</td></tr>
<tr><td>り</td><td>ら</td><td>り</td><td>り</td><td>る</td><td>れ</td><td>れ</td><td>ラ변형</td><td>4단 명령형,
サ변 미연형</td></tr>
<tr><td rowspan="10">추량</td><td>む(ん)</td><td>(ま)</td><td>○</td><td>む(ん)</td><td>む(ん)</td><td>め</td><td>○</td><td>4단형</td><td>미연형</td></tr>
<tr><td>む(ん)ず</td><td>○</td><td>○</td><td>む(ん)ず</td><td>む(ん)ずる</td><td>む(ん)ずれ</td><td>○</td><td>サ변형</td><td>미연형</td></tr>
<tr><td>けむ(ん)</td><td>(けま)</td><td>○</td><td>けむ(ん)</td><td>けむ(ん)</td><td>けめ</td><td>○</td><td>4단형</td><td>연용형</td></tr>
<tr><td>らむ(ん)</td><td>○</td><td>○</td><td>らむ(ん)</td><td>らむ(ん)</td><td>らめ</td><td>○</td><td>4단형</td><td>종지형, ラ변의 연체형</td></tr>
<tr><td rowspan="2">べし</td><td rowspan="2">べから</td><td>べく</td><td rowspan="2">べし</td><td>べき</td><td rowspan="2">べけれ</td><td rowspan="2">○</td><td rowspan="2">ク활용형</td><td rowspan="2">종지형, ラ변의 연체형</td></tr>
<tr><td>べかり</td><td>べかる</td></tr>
<tr><td>べらなり</td><td>○</td><td>べらに</td><td>べらなり</td><td>べらなる</td><td>べらなれ</td><td>○</td><td>ナリ
활용형</td><td>종지형, ラ변의 연체형</td></tr>
<tr><td>らし</td><td>○</td><td>○</td><td>らし</td><td>らし
(らしき)</td><td>らし</td><td>○</td><td>특수형</td><td>종지형, ラ변의 연체형</td></tr>
<tr><td>めり</td><td>○</td><td>めり</td><td>めり</td><td>める</td><td>めれ</td><td>○</td><td>ラ변형</td><td>종지형, ラ변의 연체형</td></tr>
<tr><td>전문
추정</td><td>なり</td><td>○</td><td>(なり)</td><td>なり</td><td>なる</td><td>なれ</td><td>○</td><td>ラ변형</td><td>종지형, ラ변의 연체형</td></tr>
<tr><td rowspan="2">가상</td><td rowspan="2">まし</td><td>(ませ)</td><td rowspan="2">○</td><td rowspan="2">まし</td><td rowspan="2">まし</td><td rowspan="2">ましか</td><td rowspan="2">○</td><td rowspan="2">특수형</td><td rowspan="2">미연형</td></tr>
<tr><td>ましか</td></tr>
<tr><td rowspan="3">부정
추량</td><td>じ</td><td>○</td><td>○</td><td>じ</td><td>じ</td><td>じ</td><td>○</td><td>특수형</td><td>미연형</td></tr>
<tr><td rowspan="2">まじ</td><td rowspan="2">まじから</td><td>まじく</td><td rowspan="2">まじ</td><td>まじき</td><td rowspan="2">まじけれ</td><td rowspan="2">○</td><td rowspan="2">シク
활용형</td><td rowspan="2">종지형, ラ변의 연체형</td></tr>
<tr><td>まじかり</td><td>まじかる</td></tr>
</table>

<table>
<tr><td rowspan="2">희망</td><td>たし</td><td>たから</td><td>たく
たかり</td><td>たし</td><td>たき
たかる</td><td>たけれ</td><td>○</td><td>ク활용형</td><td>연용형</td></tr>
<tr><td>まほし</td><td>まほしから</td><td>まほしく
まほしかり</td><td>まほし</td><td>まほしき
まほしかる</td><td>まほしけれ</td><td>○</td><td>シク활용형</td><td>미연형</td></tr>
<tr><td>비유</td><td>ごとし</td><td>○</td><td>ごとく</td><td>ごとし</td><td>ごとき</td><td>○</td><td>○</td><td>ク활용형</td><td>연체형, 조사 の, が</td></tr>
<tr><td rowspan="2">자발
수동
가능
존경</td><td>る</td><td>れ</td><td>れ</td><td>る</td><td>るる</td><td>るれ</td><td>れよ</td><td>하2단형</td><td>4단, ナ변, ラ변동사의 미연형</td></tr>
<tr><td>らる</td><td>られ</td><td>られ</td><td>らる</td><td>らるる</td><td>らるれ</td><td>られよ</td><td>하2단형</td><td>4단, ナ변, ラ변동사 이외의 동사의 미연형</td></tr>
<tr><td rowspan="3">사역
존경</td><td>す</td><td>せ</td><td>せ</td><td>す</td><td>する</td><td>すれ</td><td>せよ</td><td>하2단형</td><td>4단, ナ변, ラ변동사의 미연형</td></tr>
<tr><td>さす</td><td>させ</td><td>させ</td><td>さす</td><td>さする</td><td>さすれ</td><td>させよ</td><td>하2단형</td><td>4단, ナ변, ラ변동사 이외의 동사의 미연형</td></tr>
<tr><td>しむ</td><td>しめ</td><td>しめ</td><td>しむ</td><td>しむる</td><td>しむれ</td><td>しめよ
(しめ)</td><td>하2단형</td><td>미연형</td></tr>
</table>

* 활용 종류는 동사형의 경우는 4단형, 하2단형, サ변형, ナ변형, ラ변형, 형용사형의 경우는 ク활용형, シク활용형, 형용동사형의 경우는 ナリ활용형, タリ활용형, 특수형활용의 경우는 특수형으로 나타내었다.

用例文에 사용된 작품 및 사전, 검색사이트

『日本古典文学大系』(岩波書店、1957-1967) 중 아래 작품(개별 작품의 편저자는 생략)

十六夜日記　和泉式部日記　伊勢物語　浮世物語　宇治拾遺物語　うつほ物語　栄花物語　大鏡　奥の細道　落窪物語　蜻蛉日記　源氏物語　古今和歌集　後撰和歌集　今昔物語　更科日記　沙石集　新古今和歌集　心中天網島　竹取物語　堤中納言物語　徒然草　土佐日記　初恋(島崎藤村)　百人一首　平家物語　方丈記　保元物語　万葉集　大和物語　謡曲　夜の寝覚

· 全訳古語例解辞典(北原保雄)(小学館、2002)

· 新明解古語辞典　補注版〔第2版〕(金田一春彦·三省堂編修所、三省堂、1974)

· 小学館古語大辞典(中田祝夫·和田利正·北原保雄編、小学館、1993)

· 日本国語大辞典〔第2版〕(小学館、2000-2002)

《주요 검색사이트》

· 『日本古典文学大系本文データベース』　http://base1.nijl.ac.jp/~nkbthdb/

· 国立国語研究所(2022)『日本語歴史コーパス』バージョン2022.3　https://clrd.ninjal.ac.jp/chj/

· Weblio古語辞典古語辞典　https://kobun.weblio.jp/

· 飛び出し看板　https://twitter.com/nyankobon/status/912803958405570560?lang=fa,

· トーアン 安全標語·標識　https://www.askul.co.jp/p/H891869/

· 安全標語表示プレート　https://ishiimark.jp/item/1805071001.html

· 安全標語　https://www.shiga-vl.jp/safetyslogan

· 情報端末機器に関する標語　https://www.kagoshimacity-pta.jp/119287.html

· 安全運転　http://www.ja-aichi.or.jp/jass/camp/hyogo_2013_2nd.html

일본어 완벽 이해를 위한

일본어 고전문법

초판 1쇄 발행 2022년 9월 7일
초판 2쇄 발행 2023년 3월 10일

지은이 한미경·권경애·박현정
발행인 고윤성
기획 신선호 박경민
편집장 장혜정
도서편집 노재은 변다은
디자인 정정은 최선아 김대욱
인사행정 이근영
재무회계 김문규 정예찬
전자책·사전 변다은
발행처 한국외국어대학교 지식출판콘텐츠원
02450 서울특별시 동대문구 이문로 107
전화 02)2173-2493~7
FAX 02)2173-3363
홈페이지 http://press.hufs.ac.kr
전자우편 press@hufs.ac.kr
출판등록 제6-6호(1969. 4. 30)
인쇄·제본 (주)케이랩 053)583-6885

ISBN 979-11-5901-911-1 [13730] 정가: 21,000원

* 잘못된 책은 교환하여 드립니다.

HU:iNE 은 한국외국어대학교출판부의 어학도서, 사회과학도서, 지역학도서 Sub Brand이다. 한국외대의 영문명인 HUFS, 현명한 국제전문가 양성(International+Intelligent)의 의미를 담고 있으며, 휴인(携引)의 뜻인 '이끌다, 끌고 나가다'라는 의미처럼 출판계를 이끄는 리더로서, 혁신의 이미지를 담고 있다.